ISBN : 978-2-35401-128-4

Fabrice Florent

futur Papa 2

Le retour de la vengeance de la grossesse

Timee-Editions

Décembre

quelque chose me dit qu'on est pas les premiers à passer par là !...

05 décembre 2007

HE'S BACK. Et il est pas seul

Quand vous faites un p'tit premier, vous ne vous posez pas de questions. Allez, et vazy que j'te fais un blog-cadeau pour la future maman, et vazy que ça marche tellement bien que j'te signe un contrat d'édition, et que j'vais te signer des livres à tire-larigot dans les salons Bébé (et recevoir moult compliments – dont je n'arrive toujours pas à saisir toute la teneur).

Pour le p'tit deuxième, on met de côté (un peu) la spontanéité. Et on essaie de voir ce qu'on va bien pouvoir lui faire, à lui, pour éviter que la sœurette ait un livre rien qu'à elle et lui pas (on va p'tet éviter d'exploiter trop le filon, si vous voyez c'que je veux dire).

Normal, faudrait voir à pas le laisser de côté, d'entrée.

– Tu sais, mon p'tit deuxième, Papa a écrit un blog à Maman pendant qu'elle attendait ta grande sœur.

– Et moi, c'était quoi, ton cadeau pendant que Maman m'attendait ?

– ... Beh… je lui ai offert la saison 5 *de 24 heures chrono* à Noël. C'était trop bien.

– Mais c'est pas très personnel, comme cadeau.

– Oué. Mais je lui ai offert avec amour.

– ...

– ...

– Moué. En vrai, t'avais tout donné pour la frangine, ué ?

– C'est pas faux.

La vérité sort toujours de la bouche gnagnagna.

Donc, pour le futur p'tit merdeux qui va sans aucun doute poser des questions très chiantes, on a trouvé un truc : j'avais d'abord pensé appeler Spielberg pour tourner *Futur Papa 2* (un film bien moins flippant que *Neuf Mois*... ce con de Braoudé m'avait presque convaincu de ne pas enfanter, à l'époque !), mais il était pas dispo. Donc j'ai dit à ma p'tite femme :

– Viens, on l'écrit ensemble, le truc. Ca fera un truc en plus par rapport au premier épisode. Quétenpenses ?

– Ué mais moi, j'écris que des trucs de merde.

– Non, t'écris pas des trucs de merde. T'écris des trucs un peu terre-à-terre. Mais c'est bien aussi. En même temps, si t'étais une poète, ça se saurait.

– T'es sûr ?

– Allez, te fais pas prier...

Et hop. Voilà *Futur Papa 2, feat. Future Maman 2*. Arrivée prévue pour fin juillet.

06 décembre 2007

La genèse. Peut-être.

J'imagine bien dans douze ans : « Dis Papa, vous m'avez fait quand, moi ? »

Au départ, on devait se faire un week-end en amoureux. Ça a commencé comme ça. On était aux environs d'août-septembre 2007, je pense.

– Dis, mon amour[1], on n'irait pas se faire un week-end en amoureux du côté de la Toussaint ?

– *(la tête plongée dans l'ordinateur – promis, un jour je m'achète une vie) ...*

– Hein, dis ?

– ...

– Hého, j'te cause.

– Grmblbl ?

– Ça te dirait pas d'aller faire un week-end en amoureux quelque part, début novembre ?

---

[1] Elle sait y faire.

– *(étouffé par l'enthousiasme)* Humpf... Moué, pourquoi pas.

– Hé ben t'as l'air motivé !

– *(façon LeGreff dans les Guignols)* Mais c'est pas ça... Haaa boulot... Haaaa week-end entier... Haaaaa semaine de galères... Haaaa stouquette... Haaaaa pas l'temps...

– *(ayant déjà préparé tout son plan)* Et si on allait à Barcelone ?

– *(motivé motivé)* Mouaif, pourquoi pas.

Et hop ! Virée la fifille, virée en amoureux, comme à nos vingt ans retrouvés. Les semaines passent, la femme s'organise, réserve l'avion, l'hôtel, s'équipe d'un *Guide du Routard* (oui, souvenez-vous, ma femme est organisée).

Le grain de sable qui va foutre en l'air tout ce joli mécanisme : les stewards d'Air France, qui ont décidé de faire grève pendant le week-end de la Toussaint. L'avion juste avant le nôtre partira, celui juste après aussi, mais pas celui de 17h10.

Une fois la déception passée, on décide de ne pas modifier les plans – envoyer fifille ici et là-bas, chez les amis et la famille – et de remplacer la destination exotique par un lieu plus connu : Lille. Certes, c'est moins dépaysant et un tantinet moins glamour, mais c'est pas toutes les semaines qu'on a une opportunité de se faire un week-end façon *quand on avait vingt ans*.

L'histoire retiendra sans doute qu'on a pas mal bourlingué en ville, mais qu'on a également pas mal glandé à la maison, sous la couette et ailleurs. Qui dit couette dit cochonneries et qui dit cochonneries dit « le second est en route ». On s'encoquine et paf, tu te retrouves d'un coup avec deux fois plus de chances de te faire du mouron dans la vie.

Faut dire que même si on s'était dit il y a quelques mois : « Zyva, vers la fin d'année on met en route un p'tit deuxième », on n'avait pas pensé conclure aussi vite. Elle avait arrêté la pilule quinze jours auparavant... Faut croire qu'on était fin prêts.

Lyna, elle, est peut-être moins prête à partager notre attention et son statut de star de la maisonnée... mais c'est une autre histoire :)

08 décembre 2007

Revenu au rang de troufion du Futur Papa

Comment j'étais, il y a environ deux ans, quand elle attendait notre fifille première du nom ? Je me pose souvent la question, et bizarrement, je ne me souviens plus très bien.

En tout cas, je me sens bizarre. J'vous explique et j'ose une métaphore vidéoludique (oui oui ça va hein...) : je joue à un jeu en ce moment, *Call of Duty 4*. La guerre dans son canapé, c'est mieux que dans les tranchées. Enfin, je crois. Bref. Et dans ce jeu, on monte en grade au fur et à mesure de ses exploits, gagnant de nouvelles aptitudes etc. Une fois le rang le plus élevé atteint (niveau 55), lors de l'étape suivante, tu gagnes tes galons... de troufion. Si si, tu reviens niveau 1. Zéro arme, zéro aptitude, t'es en galère totale. Le seul truc que t'as en plus par rapport à tes débuts, c'est ton expérience.

Pour moi, en ce moment, c'est pareil. Je suis déjà passé par là, j'ai atteint le niveau 55 dans la connaissance de la femme enceinte, et une fois que Lyna est née, je suis revenu au niveau 1 du Futur Papa. J'ai l'étrange sensation d'être tout autant à poil que lors de la première grossesse.

Certes, il y a des trucs déjà vécus et qui m'excitent moins (j'ai plutôt zappé l'étape « bâton qui sent le pipi », par exemple), mais au niveau des sensations, j'ai parfois l'impression de revenir deux ans en arrière.

En même temps, j'ai très peu de souvenirs des trois premiers mois de la première grossesse. Je pense qu'inconsciemment, le bébé étant plus « précaire » que jamais, on n'ancre pas trop de souvenirs qui pourraient s'avérer blessants si la suite tournait plus mal.

12 décembre 2007
Branle-bas de combat

Faut croire que la femme (même fraîchement) enceinte a besoin de faire des travaux, d'aménager des trucs dans sa vie. Pour l'instant, ça ne concerne « que » notre douce demeure. Manquerait pu qu'elle décide d'aménager son mec. Je m'estime donc heureux. Pour l'instant, du moins.

Je vous explique le truc : on a une maison, avec deux étages. Tout le second était réservé à mes bureaux. « Était » parce que d'ici quinze jours, je quitte les lieux pour investir des bureaux dans le Vieux-Lille. Classe et volupté. J'entends les moches langues d'ici : « Elle l'a viréééé pour mettre le bébé-euh. » Nan, même pas vrai. Je me suis viré tout seul. Deux ans que je m'agite dans le grenier à lambris, ça suffit. Hop, faut grandir.

Au premier : la chambre de fifille et la nôtre.

On aurait pu opérer un changement simple : monter la chambre de « la grande » (tout est relatif) au second, et refiler au second la chambre de l'ainée. Et c'était tout. Mais non. La femme est enceinte et le plan est forcément plus compliqué. Admirez la manœuvre pour me faire passer la pilule.

– Tu vas quand même garder un bureau à la maison ? *(elle est machiavélique)*

– Euh oui oui, c'est important.

– Ok. Alors j'avais pensé : si tu mets ton bureau au second et que Lyna dort à côté, tu risques de la réveiller...

– ... Moui...

– Bah oui, si tu veux te mettre un peu de musique ou même si tu marches avec le sol qui couine, tu risques...

– Moué.

– ... Surtout qu'elle va sans doute avoir des périodes au sommeil plus léger...

– *(sentant le branle-bas de combat arriver)* ...

– *(un sourire un peu vicieux aux lèvres, sachant qu'elle va m'achever très bientôt)* Donc je me disais...

– ...

– *(reprenant sa respiration, ne me laissant aucune chance)* ... qu'on pourrait mettre les chambres des deux enfants en bas, monter la nôtre au second et transformer la grande pièce en bureau-chambre d'ami kesstenpensecé-tipaunebonnidée ?

– *(ravi à l'idée de monter notre matelas qui pèse trois cents kilos et mesure douze mètres sur quinze)* Fantastique.

– Et puis, on pourrait refaire la déco de notre future chambre en même temps parce qu'on n'a jamais rien refait depuis qu'on y est.

– …

– Et puis, j'en profiterai pour virer la moquette dans notre chambre actuelle et y mettre du parquet.

– Ah ?

– Ouais, la moquette, c'est pas sain.

– Ah.

– Mais par contre, je le ferai faire, hein[2].

– Vaut mieux. Si tu m'attends, estime que niveau pose de parquet, je suis archibooké jusque 2012.

– Haha.

– Bah tu sais, on manque d'artisans et la pose de parquets, c'est un vrai corps de métier.

– *(toute excitée)* Ça fera comme si on déménaaaaage !

– *(feignant l'excitation)* Uéééééééééé !

[2] Cher et fidèle lecteur, tu n'ignores pas que je suis un piètre bricoleur. Eh bien, voici une news : j'ai pas changé.

Elle est forte hein, la bougresse ?

Alors, comment dois-je interpréter cette dernière phrase ?

Maintenant qu'on a terminé de nous reproduire (après le deuxième, on va s'arrêter là, ça ira merci !), elle souhaite changer l'environnement de notre couche, pour entamer une nouvelle vie seskuelle ? Youhou !

Ou bien, c'est une première approche pour me faire comprendre que oui, notre maison a beau être grande, on serait quand même mieux dans un château ?

La femme est fourbe. J'le savais déjà, mais je m'en étonne encore, naïf que je suis.

13 décembre 2007

On a coupé deux mains à Futur Papa 2

Ce midi, au resto (la couvade guette, mes amis, la couvade guette) :

– Alors tu continues à écrire de ton côté ?

– Non non.

– Hé ? Beh pourquoi ?

– C'est trop nul c'que j'écris. Trop terre-à-terre. Quand je vois c'que t'écris à côté, toi...

– MAIS ON S'EN FOUUUUT DE ÇAAAAA !

– Bah nan, on s'en fout pas.

– Mais si-euh. On avait dit « pour la fifille première du nom, un livre par Papa et pour le deuxième qui va faire chier sa race parce que la grande a un livre : pas un livre, mais un truc écrit par Papa... et Maman ! »

– Eh ben non.

– Mais t'es chiante. Tu fous le concept en l'air.

– Bah non. Le deuxième, il aura son livre aussi.

– Comment ça, un livre ? J'vais pas faire relier le machin et tout pour lui faire croire que c'est un vrai livre. Il se rendra compte tôt ou tard de la supercherie-gnihi.

– Bah non. Tu lui fais un vrai livre.

– Mais j'ai pas envie, moi ! C'était pas le plan, au début !

– Bah si. Comme ça, la fifille elle a un livre et le second, il ou elle a un livre aussi. Pas de jaloux.

– ...

– Oui ?

– Tu serais pas un peu en train de me refoutre ta fainéantise *scripturale* sur le dos et de me laisser endosser tout seul la jalousie future du second envers son aînée à cause de ce bouquin ?

– Si, un peu... Mais j'accouche, moi, môssieur.

Oh putaing. Elle est en pleine forme. Et moi, je suis visiblement condamné à faire un voyage dans le passé.

Damned.

Mais j'ai pas dit mon dernier mot.

14 décembre 2007

Cot cot

– Waw, c'est dingue, je suis morte de chez morte.

– Ah ué ?

– Avant-hier, j'suis allée me coucher à minuit et quelque, le lendemain, raide morte toute la journée. Hier, dodo à 22 heures et là, j'ai bien plus la pêche aujourd'hui.

– Hé ben.

– C'est grave, hein.

– Bah nan, tu fais la poule.

– Ué, je sais.

– *(claquement de cymbales dans ma tête)* Mais c'est normal, tu couves.

– *(rire moqueur)* Han Han Han.

– *(enthousiaste)* Nan, c'est pas drôle ???

– ...

Ramassage de genoux.

Ué je sais. On peut pas être au top tous les jours.

17 décembre 2007

Futurs Papas, mobilisons-nous ! (un peu)

J'avoue, j'ai bien chargé ma femme durant Futur Papa premier du nom. En fait... Elle a pourtant été très très cool, j'me rends compte avec le recul. Bon, certes, elle m'a pété un genou çà et là, parfois avec raison, parfois avec moins raison. La femme sait être vile, c'est bien connu.

Mais quand je vois les turpitudes que subissent certains de mes collègues, j'me dis que je suis verni. Dernière « preuve » en date, le mail de Denis :

« Toi aussi, tu ménages ta chérie dans ton blog, ou c'est la mienne qui a vraiment des sautes d'humeur pas possibles lol ??? »

Toutes mes condoléances, mon vieux, je suis de tout cœur avec toi. Ce mail a achevé de me convaincre : il faut agir, il faut qu'on communique, qu'on se soutienne. Lors de mes prestigieuses séances de dédicace aux salons Baby, J'ai trop vu de futurs papas qui souriaient en me voyant assis à mon stand, style : « Oh putain, non seulement, il en a chié, lui, mais en plus, il l'a écrit noir sur blanc. »

Oué, mon pote. Il est temps.

Donc, si toi aussi, tu es un Futur Papa qui en chie des ronds de pelle pour assurer ton rôle de futur père, exprime-toi. Raconte les sketchs que te fait la future maman. Parce qu'il vaut mieux en rire. Et oui, t'as le droit de dire que c'est pas fastoche, même si t'accouches pas.

Nan mais.

26 décembre 2007

Trou de mémoire

J'avais un super truc à écrire sur Belle-Maman, un truc drôle et tout ça. Mais j'me souviens plus. La lose. J'me souviens juste qu'elle disait qu'il fallait faire attention à ce qu'elle disait, sous peine de se retrouver dans le livre et j'en concluais qu'elle devait aimer ça, la bougresse.

Y'avait tout un raisonnement entre cette réflexion et la conclusion, mais j'ai zappé. C'est con. Ca m'apprendra. Durant la première grossesse, je prenais des notes, mais là, j'étais trop occupé à bouffer du foie gras.

Bon, j'avoue ce début de grossesse a un petit goût de déjà-vu. Le seul truc à noter, c'est qu'Elle prend du bide à la vitesse de la lumière alors qu'Elle n'en est qu'à son deuxième mois. Attention, contrairement à moi – qui ai déjà pris deux kilos – elle n'a pris que quelques grammes, mais son ventre, lui, il enfle. Ça la saoule sévère de gonfler à vue d'œil, mais paraît que c'est parce que c'est le p'tit deuxième que ça fait ça.

Même pas encore né et déjà il la fait chier.

Ça commence bien.

Ça te dit un dernier verre chez moi ?

Janvier

1er janvier 2008

Couvade et Bébé Ventre

Lyna est petit à petit en train de piger qu'elle va devoir faire avec un p'tit frère/une p'tite sœur dans quelques mois. On lui répète régulièrement qu'il y a un bébé dans le ventre. Faut dire qu'on est un peu obligés, puisque la blondinette a eu très vite tendance à prendre le ventre de sa mère pour un canasson (elles font régulièrement du « à dada » à leurs heures perdues).

Maintenant qu'Elle est enceinte, c'est moins funky pour Elle, alors Elle a mis le halte-là avec une petite phrase toute simple : « Y'a un bébé dans le ventre de Maman. » Et Lyna de répéter en parlant au ventrou de sa mère : « Bébé ventre. »

L'autre soir, tranquillement installés dans le canap' (enfin, moi, j'étais vautré), Elle soulève ma chemise, appuie sur mon nombril à la façon de sa fille et me sort un perfide « Bébé ventre ? », avant de s'écrouler de rire.

La femme est vile.

Et moi j'ai déjà deux kilos de trop.

06 janvier 2008

Femme enceinte électrostatique

L'autre soir, à deux sous la douche *(mais sois pas choquée, Maman, oui oui, on prend des douches à deux avec ma femme, comment que tu crois qu'on fait des bébés, sinon ?)* :

– Ça t'arrive que le rideau de douche y se colle contre toi, comme ça ? *(Elle a parfois des questions qui me scient le fondement)*

– Euh non, pas trop.

– Bah oué, mais moi, y se colle pas contre moi en temps normal, mais à chaque fois que je suis enceinte !

– Ah bon ?

– Oué oué, j'te jure, ça me saoule.

– *(le truc qui se colle à moi)* Mais c'est vrai que ça colle, cette merde !

– Oué et la première fois, au plus je grossissais, au plus y se collait à moi, au moins j'avais de place dans ma douche !

C'est pas facile tous les jours, la vie de femme enceinte.

11 janvier 2008
Ma plus grande fan

Je me souviendrai toujours de ses larmes à la maternité, la première fois qu'elle a lu le journal de « notre » première grossesse, le lendemain de la naissance de Lyna[3]. La sensation d'avoir réussi un truc, après plusieurs mois d'interrogation (« Va-t-elle aimer ? Va-t-elle me rouer de coups ? »)...

Je me souviendrai aussi du regard qu'elle m'a porté, le jour où on a reçu le bouquin « en vrai ». Un regard qui voulait dire plein plein de choses.

Je me souviendrai également de ce regard et de sa réflexion, le jour où elle est venue sur le salon Baby, avec Lyna sous le bras, quand une lectrice est venue me dire qu'elle avait adoré *Futur Papa*. Plein de fierté, mais aussi un : « Mais, mais, mais... t'as vu comment elle parle de MON livre ? » qui m'avait bien fait marrer.

L'autre soir, j'arrive dans la chambre, Elle était allongée dans le lit, en train de lire *Futur Papa*, avec une petite larme à l'œil. « C'est le moment ou jamais ! J'me

[3] Oui oui, souvenez-vous, *Futur Papa*, le livre.

suis dépêchée d'arriver au mois de mai, parce que c'est à partir de là que je commence à pleurer. »

Et quand je lui ai répondu qu'elle est courageuse de le relire, parce que j'en étais strictement incapable, elle m'a dit : « Oué, mais j'suis ta plus grande fan. »

Ça m'a fait tout chose.

J'en ai de la chance.

15 janvier 2008

Prenez note

Ne JAMAIS, vous entendez bien, JAMAIS cumuler couvade ET séjour à New York, ledit séjour étant forcément agrémenté de multiples mangeages de burgers, de T-Bone steak, de hot-dogs-dans-la-rue et autres frites-ketchup à gogo.

Pour compenser toutes ces calories, pensez à ingurgiter du Diet Coke.

J'me suis mis sur la balance en rentrant ce matin, j'avais les yeux qui piquaient.

Et c'était pas que dû au décalage horaire.

Damned.

17 janvier 2008

De la poitrine de la femme enceinte (bis repetita)

Les grossesses se suivent et les poitrines gonflent toujours autant.

L'autre jour, retrouvailles enlacées dans le lit (après une loooongue séparation durant laquelle j'étais à six mille bornes), avant de faire tirelipimpon sur le chihuahua[4].

– Ah là je sens que j'ai des seins énormes.

– Parce que t'avais pas remarqué ? Et pourquoi là, précisément maintenant ?

– Parce que j'suis loin de toi.

Fou-rire.

Souvent, ma femme est pas drôle. Sauf dans ces moments-là, où Elle a des éclairs de Chevalier et Laspalès.

Et sinon, rendez-vous demain ou samedi. Demain matin, 9h, première écho. La fête du slibard en perspective.

---

[4] Ceci est un subtil hommage à Carlos.

18 janvier 2008
La télé rend fou

Prendre un enfant par la main
Pour l'emmener vers demain
Pour lui donner la confiance en son pas
Prendre un enfant pour un roi.

Mon cul, ouais.

Qu'on m'amène Yves Duteil que je lui règle son compte. N'amenez pas votre enfant vers demain. Non, l'enfant est ingrat. Laissez-le se démerder tout seul.

J'vous raconte.

Ma femme rentre hier soir, mi-gênée, mi-morte de rire.

– Tu sais quoi ? À peine j'arrive chez la nounou tout à l'heure qu'elle vient me voir en me disant : « Faut que je vous dise un truc... » Alors moi je me dis : « Ça y est, elle a bouffé le nez d'Antoine (le ptit mec qui partage la garde) »...

– Et ?

– Bah elle me dit : « Ma mère a mis la télé en fin de journée et sur TF1, y'avait Cauet. »

– ... Pitié, qu'elle évite de mettre du Cauet à Lyna !

– Bah tu vas rire. Ou pas. Et là, la nounou me fait : « Et Lyna a couru vers la télé en pointant Cauet du doigt et en criant "Papaaaaa !" »

Déshéritée à dix-huit mois. Quel dommage.

J'ai allumé un cierge pour espérer que le p'tit deuxième aura plus de considération pour son brave père.

19 janvier 2008
Première écho

La femme est fourbe.

Ça, je le savais. Mais chaque jour qui passe, j'en ai la confirmation.

Une de plus hier, cinq minutes avant l'échographie. Elle était allongée sur sa banquette, là, à attendre que la toubib arrive, et moi assis tranquillos à la « place du père » (la chaise ridicule posée dans un coin de la salle).

Et là, elle me sort :

– Bon bah voilà, on va savoir si y'en a un ou deux.

Arrêt cardiaque.

Je l'avais oubliée, celle-là. C'est vrai que dans la famille, y'a des jumeaux et que ce genre de truc est génétique.

– OH PUTAIN C'EST VRAI !!!

– Ah bah oui. T'avais oublié ? *(toute sourire)* En tout cas, ça me fait du bien de te le dire, je partage un peu ma flippe.

– Beh oui, j'avais oublié... Et puis t'es dégueulasse de me dire ça maintenant !!!

– Estime-toi heureux, moi ça me turlupine depuis hier matin et je me suis retenue de te le dire !

– Justement ! Tant que t'y étais, t'aurais pu attendre dix minutes de plus et m'épargner un bon coup de flippe ! Affreuse femme, va.

– Ah excuse-moi, mais ça me soulage grandement. D'ailleurs, ça va mieux, là...

– Tu es vile.

– *(sourire en coin de femme vile)* Je sais.

Autant vous dire que l'attente a été extrêmement longue jusqu'à l'arrivée de la doctoresse.

Finalement, y'a qu'une seule crevette, tout va bien, il a deux globes oculaires, des p'tites jambes, des p'tits bras, un dos, une tête, et autant de cheveux que son père.

22 janvier 2008
Petite joueuse

Ne lui dites pas que je vous l'ai dit, mais ma femme a un point faible. Énorme. Elle est chatouilleuse des pieds. Mais pas pour rire, hein. Du genre tu lui fais guili-guili sur la plante des pieds, t'es d'ores et déjà un homme mort.

Quand on était gamins (pour ceux qui ne suivent pas, on s'est rencontrés à l'époque où j'avais plein de boutons d'acné et aussi plein de cheveux), je prenais un malin plaisir à lui chatouiller les panards. Ça la rendait folle. Et puis j'ai fini par arrêter, après avoir pris deux-trois mauvais coups de pied dans la mâchoire. Bobo. Je vous l'ai dit, pas touche aux pieds, y'a danger.

La fifille étant aussi tordue que son père, elle a vite découvert lors d'une séance de bagarre familiale que sa mère devenait raide dingue lorsqu'elle lui gratouillait maladroitement les pieds avec ses petits doigts tout potelés. Ça la fait marrer de voir sa mère souffrir le martyre/se marrer aux larmes, et moi, je glousse de voir qu'Elle n'ose pas lui infliger le même traitement qu'à moi – faut dire que j'imagine très mal la fifille sortir vivante d'un coup de pied 22 longrifle comme j'en ai dégusté naguère.

Donc très régulièrement, pour me venger des mauvais traitements qu'Elle m'a fait subir dans le passé, j'envoie la fifille en mission. « Lyna, va chatouiller les pieds de Maman ! » La blondinette s'exécute toujours en poussant des petits cris très étranges. La mère rit en pleurant, la fifille exulte et moi, je jubile de ce stratagème machiavélique.

Jusqu'au jour où...

Ce week-end, Elle a trouvé la parade.

je lance fièrement :

– Fifille, guili aux pieds de Maman !!!

– *(avec l'air du chat dans Shrek-toi-même-tu-sais)* Non non, Fab non non, pitiéééé, je suis enceinte !

– Ouéééé, tu dis ça quand ça t'arrange, malhonnête !!!

La fifille, elle, s'en fout et y va gaiement, obéissant gentiment à son papa – l'une des rares fois que ça lui arrive, à la bougresse.

Jusqu'au moment où sa mère l'interpelle et lui fait : « Non, Lyna, tu sais, y'a Bébé ventre ! » Ça a calmé la fille direct et ruiné définitivement – au moins pour les six-sept mois qu'il reste – ma vengeance.

Et dire que bientôt, ça sera les bagarres à 4. Waw. Deux contre deux, ça va être funky.

25 janvier 2008

Ma femme est une poète

Hier soir, *on the road...*

On discute de choses et d'autres, et là, envolée lyrique de la part de ma chère et tendre.

– ... et puis après tout, chacun suit le chemin que la vie nous trace...

– *(faussement admiratif, j'adore quand Elle sort des trucs bidons comme ça)* Roh que c'est beau !

– T'as vu ça, un peu !

– J'aime quand tu es poète, ma femme.

– Ça doit être parce que je suis enceinte. Quand je suis enceinte, je suis poète.

– ...

– Et je pète aussi.

Du grand art.

(Oui, toi, jeune futur papa qui n'est pas au courant, note bien cela : la femme enceinte a des gaz. Voilà. Ça, c'est fait.)

27 janvier 2008

« Papa, comment on fait les bébés ? »

Petite angoisse ce matin, en me lavant les dents (moment privilégié durant lequel je fais rapidement le point sur mon existence).

Et si Lyna venait, là, tout à l'heure, me demander : « Papa, comment on fait les bébés ? » – rapport au p'tit deuxième dans le tiroir. Qu'est-ce que tu dirais ? Comment réagirais-tu ? Sortirais-tu le tableau blanc pour faire un schéma ? L'enverrais-tu demander à sa mère (technique de fourbe) ?

Le trou noir. J'en sais rien. Vous allez me dire, il est tôt, elle parle à peine. Oui oui, mais elle va vite, la bougresse, et elle serait capable, rien que pour me gonfler, de profiter de sa première phrase complète pour me poser la question fatale.

J'ai tranché. C'est trop tôt, j'ai le temps d'y réfléchir. En attendant, je potasse Les Nuls, ça peut aider.

29 janvier 2008

Explosion hormonale à venir

– Tu sais, homme, ça va bientôt faire trois mois.

– Euh ui. Et ?

– *(regard lubrique)* Ça veut dire que je vais avoir besoin de toi.

– Hého mais euh. Yé né souis pas zoune machine, hein.

Vive la grossesse ! J'en profite, parce que c'est la dernière pour nous, alors bon :)

Je voudrais adresser une pensée émue à tous les futurs papas qui bloquent parce qu'ils pensent qu'ils vont éborgner leur futur bébé à l'aide de leur zouzou ou à toutes les futures mamans qui bloquent parce que... elles se préparent à enfanter.

Hé dites, vous saviez qu'y a pas que la pénétration dans la vie ?

Et re-vive la grossesse youhou !

31 janvier 2008

Du balai. Ouste

Hier soir, au resto...

– Tu sais, ça me fait bizarre de lire le blog jour après jour...

– Comment ça ?

– Je sais pas... J'comprends que des gens aiment lire tes histoires au quotidien, mais bon…

– Style c'était mieux de tout lire à la fin ?

– Oui, en y repensant, c'était carrément plus puissant de tout découvrir d'un coup.

– Ok. Alors, hop, tu arrêtes de le lire. Et on la refait façon fifille, je te donne le pavé à la maternité. Ça te va ?

– *(pensive)*... Oué carrément, ça me va bien.

– Cool.

– …

– Hum ?

– Mais si t'écris encore à la moitié, tu l'envoies à un éditeur, hein ?

– Bah t'es con. La lose. Ca fait un peu déjà-vu-gars-qui-tire-sur-le-filon, non ?

– Non. Un livre pour fifille, un livre pour le p'tit deuxième. Comme ça, tout le monde est content.

Elle est exigeante. Et c'est p'têt bien pour ça que je l'aime.

attends... tu as des capotes?

Février

01 février 2008

Absolution... Ou plutôt, répit. Ou bien coalition ?

– Oh mais tu vas être content, t'as vu, y'a des merveilleux d'Aux Merveilleux[5] sur la carte !

– Mais t'es un peu vache de sortir ça ! JE SUIS GROS, j'te rappelle.

– Meuh voyons ! Fais-toi plaisir, c'est pas grave...

– *(sautant sur cette petite faiblesse comme le choléra sur le bas-clergé)* C'est vrai ? OH YES YES YES !!! Un p'tit Merveilleuuuux d'Aux Merveilleeeux !!!

– ... tu feras régime cet été.

Ça casse l'ambiance.

J'ai pas pris mon Merveilleux, finalement.

Et comme en plus, tout le monde s'y met...

Ce midi, avec Charlotte, mon charmant bras-droit chez madmoiZelle.com.

[5] Comment ça, vous ne connaissez pas les Merveilleux d'Aux Merveilleux à Lille ? QUELLE TUERIE !

– Faut que j'aille chez H&M, je dois acheter une ceinture.

– Ah bon ? Tu dois en prendre une qui fait la taille au-dessus ?

Si même mes troupes se mettent à me péter les genoux... MAIS OÙ VA LE MONDE ?

Bref. La femme est fourbe.

Et pas que la mienne.

05 février 2008

Ma femme est une Majorette

On a passé les 3 mois de grossesse depuis quelques jours.

Théorie à la con : une femme enceinte, c'est comme une p'tite voiture à friction, tu sais, les Majorette-là, que tu remontes et qui partent toutes seules. Krkrkrkrkrkrkrkr... Vzzzzzzzzzz !

Les trois premiers mois, elle se remonte toute seule. Elle ronchonne, elle est chafouin, pas à l'aise dans son corps, elle a les seins qui tirent, screugneugneu tout ça. Krkrkrkrkrkrkrkr...

À 3 mois +1 jour de grossesse, fini de remonter la p'tite voiture : faut la lâcher. Vzzzzzzzz ! Explosion hormonale, pétage de genoux en série (je vous en épargne la plupart, vous pourriez appeler SOS Hommes Genoux Pétés), forme olympique... Ça fait limite peur.

Perso, je laisse passer l'orage. Et quand Elle va trop loin, je lui inocule çà et là un remède utilisé depuis la nuit des temps : la claque au cul. Ça la détend.

Prends note, futur papa en détresse, prends note. Une bonne claque au cul pour garder le minimum de contrôle sur ton foyer. À moins que ta femme tu-connais-Schwarzenegger-tu-lui-mets-une-boucle-d'oreille-c'est-ta-femme.

Là, je peux rien faire pour toi, mon pote.

11 février 2008
Fille unique forever

C'est le grand jeu des quatre-mois-et-quelque chez les futures mamans : l'ouverture des paris « à votre avis, fille ou garçon ??? »

De mon côté, j'ai envie d'inaugurer une nouvelle sorte de pari, beaucoup plus masculin : « À votre avis, comment l'aînée va se débarrasser de son petit frère/sa petite sœur ? »...

Mais oui, ma petite dame, parce que c'est un problème qu'on évoque rarement. Ça fait aujourd'hui plus de dix-huit mois que l'aînée squatte, chaque jour qui passe, 100% (voire plus) de notre attention. Et voilà que du jour au lendemain, elle devrait partager ce qui lui est dû depuis... le début de son existence ?

En tant qu'aîné, je peux témoigner : ça risque de ne pas être aussi simple. Et vu le caractère à fond à fond et pas spécialement enclin au partage de la blondinette à bouclettes, j'ai deux-trois doutes sur l'accueil qu'elle risque de réserver au p'tit deuxième.

Allez, on imagine quelques plans machiavéliques ?

- « **Bébé poussette** ». On lui a offert une p'tite poussette à Noël, mais quelques semaines plus tard, elle ressemble plus à un véhicule Rémi Julienne qu'à un jouet d'enfant. Pour l'instant, elle trimballe à vitesse grand V dans toute la maison des autocollants, des crayons et d'autres trucs tout abîmés, mais qu'elle collectionne de façon un tantinet fétichiste. Avec l'arrivée du p'tit deuxième, elle pourrait vouloir passer au stade supérieur : emmener son p'tit frère/sa p'tite sœur en balade.

- « **Bébé bagarre** ». Quand on voit comment elle maîtrise son cousin qui a quelques mois de plus qu'elle, on peut se dire sans trop se planter qu'elle a un avenir dans le catch. Marteau-pilon, coup de la corde à linge, prise du sommeil... à voir.

- « **Bébé descendre !** » Elle pourrait – dans un élan de grandsoeurisme – vouloir apprendre au p'tit deuxième à descendre les escaliers tout seul... (et s'il y a un souci, il y a un chauffage en fonte juste en bas pour amortir la chute, se dit-elle.)

- « **Bébé bibi !** » Elle lui donnerait le bib', pareil qu'à sa poupée. Le rototo post-biberon est souvent synonyme de multiples fractures du crâne de la poupée. Qui a dit que l'instinct maternel était inné chez les individus de sexe féminin ?

- **« Bébé câlin ».** La fifille est d'une tendresse folle. Un peu brutale, par contre. Ses câlins sont régulièrement accompagnés d'une petite phrase, qui risque de marquer le reste de son existence : « Lyna, doucement ! » Quand je vois comment elle se jette pour faire un bisou à l'énorme Mr Oizo qui traîne dans la maison, j'ai bien peur qu'elle vienne à bout du p'tit deuxième dès la première envie de câlinou.

Bon et y'en a plein d'autres possibles : « Bébé soif », « Bébé manger », « Bébé bain », « Bébé marcher » et des trucs que je n'ai pas encore imaginés.

Ou bien, autre scénario possible : elle va l'adorer d'entrée. À chaque fois qu'elle fait des bisous sur le ventre de ma femme, après qu'on lui ait demandé « il est où, le bébé ? », on ne peut pas s'empêcher d'être attendris. « OOOOOOoooooh, elle est choute ! »

Ou alors c'est une diversion. Et elle va attendre sagement qu'on relâche notre attention pour s'en débarrasser.

Je peux comprendre.

Beh oui : au nom de quoi elle devrait tout partager avec un truc qui parle pas, qui pleure tout le temps, qui mange non-stop et qui roupille le reste du temps, alors qu'elle, elle cause, elle fait des sourires, des bisous-qui-claquent et des blagues ?

14 février 2008
Pensées en vrac

Elle est belle, son ventre s'arrondit de plus en plus. Ça va bientôt remuer là-dedans. J'ai hâte, histoire que ça puisse se concrétiser, tout ça. Oui oui, j'ai toujours autant besoin de toucher.

D'ailleurs, Elle m'a proposé de faire de l'anapto... apnoto... enfin la préparation spécial j'touche. Ça me convient bien, à moi. Oui oui. J'vais pouvoir toucher tranquille, la classe. J'vous raconterai, ça va être drôle.

Elle est belle. Et moi, je ne lui dis pas (plus ?) assez.

Je note. Note aussi, toi, là-bas au fond : toujours dire à ta femme qu'elle est belle. Toujours.

C'est la St-Valentin, elle m'a offert une boite en forme de cœur un tantinet cul-cul, avec des p'tits mots pliés en rond dedans. Un par jour et un p'tit mot rouge par semaine, *the* spécial.

Le mot du jour : « Ce qu'il y a de mieux sur Terre est d'être ton amour. » J'vous avais dit, on fait dans le cul-cul. Ça nous a fait marrer.

« Et vazy, prends un rouge pour voir. » Hop déballage du rouge. « Bon pour une soirée en discothèque. » Haha. « Discothèque », le mot sorti des années quatre-vingt-dix. « Et pourquoi pas dancing ? » Re-rigolade.

16 février 2008
Fille ou garçon ? J'vais vous dire : j'm'en cogne

« Et si t'as pas un garçon, tu feras un troisième ? »

Mais vous êtes fous, hein, les gens.

« Et toi, tu veux une fille ou garçon ? »

Mais, mais, mais... comment vous dire ? Ah si, voilà : je m'en tamponne le coquillard. Avec ma p'tite femme, on voulait une fifille. Déjà, en soit, c'est complètement con, de désirer un sexe plutôt qu'un autre. C'est pas comme si on était au XVIe siècle et qu'il fallait à tout prix un mec pour aller traire les vaches et reprendre l'activité familiale.

Donc on voulait une fille. Ça, c'est fait. Maintenant, soit j'ai un p'tit mec qui deviendra champion du monde de basket, soit j'ai une deuxième fifille qui sera encore plus amoureuse de moi que sa grande sœur.

Dans tous les cas, je serai content.

Y'a un truc qui m'amuse toujours autour de la fameuse question « fille ou garçon ? » : avec les échographies, on peut aujourd'hui savoir avant l'heure si le polichinelle dans le tiroir a un zizi ou une nénette. J'en ai vu, des déçu(e)s, parce qu'ils avaient en tête un schéma de famille bien précis, et qui mettaient quinze jours / un mois avant de se remettre d'avoir une future fille alors qu'ils voulaient un mecton.

Je me dis un truc : quand tu fermes les yeux lors de chaque écho et que tu te laisses la surprise, certes tu es obligé de peindre la chambre du petit en jaune, mais le moment venu, quand tu tiens dans tes bras ton fils ou ta fille, je ne vois pas trop comment tu peux être déçu. Tu es papa, quoi !

Alors même si on a gagné au grattage la première fois et qu'on a eu ce qu'on désirait, on va se laisser la surprise. C'est tellement plus drôle.

22 février 2008
Speck et ventre arrondi

Certes, il y a pas mal de points communs entre la grossesse *number one* et la grossesse *number two*, mais on peut aussi compter deux-trois trucs différents. La plus importante, sans doute : la présence de l'aînée. Et ça, c'est funky.

La fifille est bien celle de son papa : elle aussi, elle aime toucher le bidou de sa mère. Sauf que parfois, jeunesse oblige, elle se plante.

Exemple.

Hier, j'étais en train de boire un coup, tranquille, ma femme et ma fille à mes côtés, dans notre immense canapé, quand je l'entends dire à la fifille première du nom : « Ah non, Lyna, ça, c'est pas le bébé, c'est mon speck[6]. »

J'ai failli m'étrangler de rire, mais je me suis retenu, extrêmement digne. Et j'ai immortalisé cette cultissime phrase dans un coin. Ça fera rire dans quelques années. Haha.

---

[6] Le speck, c'est le lard, le gras, les sympathiques poignées d'amour de ma femme, quoi.

24 février 2008

Rencontre du troisième type. Again.

Ça y est, premier contact avec le Roswell qui squatte le ventre de ma femme. J'ai eu droit à des chatouilles sur la main de la part du futur p'tit deuxième. Énorme. Gros retour deux ans en arrière, quasiment au même moment.

Oui, au même moment.

Si vous avez l'âme matheuse, vous en aurez déduit que, d'ores et déjà, la compèt est lancée entre les deux mômes : le p'tit deuxième vient de coller un taquet à sa grande sœur, puisqu'il a « communiqué » avec son chauve de père un gros mois avant son aînée.

...

...

En y réfléchissant bien, c'est pas spécialement rassurant.

Vu le côté Taz de la fifille, si le p'tit deuxième a déjà un mois d'avance sur elle, ça veut dire qu'on va mettre au monde un Méga Taz. Les chats font pas des chiens, y paraît.

Bref. Arrêtons les rigolades et causons sérieux. Ce chatouillis, c'était aussi émouvant qu'il y a deux ans, l'excitation « de la première fois » en moins. Ça m'a rappelé plein de trucs. Tout plein, si bien que j'ai enfin l'impression que ma blondinette est enceinte.

Oui, j'avoue : Super-Encore-Futur-Papa-2 a un peu de mal à réaliser.

C'est normal ? Ué, c'est possible. Je sais plus dans quel état d'esprit j'étais il y a deux ans. J'oublie. Alzheimer power.

26 février 2008
Concerto en Aubert Majeur

Hé toi, le p'tit deuxième !

Oui, toi qui te plains toujours d'être le laissé-pour-compte, que c'est pas juste que c'est toujours ta sœur-qu'elle-a-tout (Oh si ça tombe, tu seras pas du tout comme ça, mais on sait jamais, je prends les devants).

Souviens-toi d'un truc, à chaque fois que tu caliméronneras style « c'est trop injuste » : ce lundi 25 février 2008, alors que t'avais même pas quatre mois de vie *in utero*, ta mère et moi, on t'a emmené à un concert. À trois, sans ta frangine. Un truc rien qu'avec ta future mère et ton futur père. Sisi. On est allés voir Jean-Louis Aubert faire son show *Un tour sur moi-même*. Non seulement c'était du lourd, mais ta mère a confirmé que t'as aimé la grosse guitare, puisque tu remuais des fesses dans ton liquide amniotique et que tu filais des coups de pied en rythme.

Futur musicos ?...

D'ailleurs, ils ont filmé pour en faire un DVD. On l'achètera dès qu'il sort, histoire de garder « la preuve » qu'on t'aime quand même même-si-ta-frangine-elle-est-arrivée-la-première.

Et s'il sort avant l'été, je te mettrai le son pour bercer tes premières nuits. Ça te rappellera ce chouette moment, peut-être.

allons... c'est pas si grave, tu sais...
bidip bidip bidip bidip

Mars

1er mars 2008
De la libido de la femme enceinte

– Faut vraiment que j'en parle, tu sais, c'est important. Il faut le dire. Il FAUT témoigner. Des tas de futurs papas sont dans le désarroi. Je DOIS leur dire « ce n'est pas grave, mon ami », et leur tendre une main amicale.

– Maaaais euh. On avait dit que nan.

– *(debout sur le canap, pose Superman)* Mais tu te rends compte ? C'est une question de survie de l'humanité et toi, tu penses rien qu'à ton nombril !

– Maaais euh.

– ...

J'ai le droit maintenant. Y'a ~~péremption~~ prescrip... enfin, c'est du passé, quoi.

Pour la première fois depuis le début de notre existence de la vie entière qu'on a vécue ensemble, Elle a mis le couvercle sur sa libido. Hop. Terminé. *Adios amigo. No pasaran.* Not possibeul. *Fertig. Game over...* en d'autres termes : y'a pas m-o-y-e-n.

C'est du passé maintenant, l'envie est revenue et la joie dans le couple avec.

Mais sur le moment, je faisais pas le malin.

Était-ce le début de la fin, *the beginning of zi end* ? Allait-on passer les 40, 50, 60, 70 ans qu'il nous reste à vivre ensemble à nous regarder en chien de faïence, tels deux êtres asexués ? Était-ce le début d'une longue période de vaches maigres seskuelles ? Allais-je me transformer en l'un de ces mecs névrosés de la quéquette, parce que leur vie sexuelle à la maison est aussi excitante qu'un Bus Tour à Hénin-Beaumont ? Gna.

C'est sûr, je faisais pas le fiérot.

Et puis j'ai misé une grosse piécette (voire l'intégralité de mon grassouillet compte en banque) sur le fait que ce soit dû à la grossesse. Soyons clairs : Elle m'avait promis une explosion hormonale, j'étais fin prêt, dans les starting-blocks, moi. Ça a duré... deux jours. Y'a tromperie sur la marchandise, là. Remboursez-nos-invitations.

Alors vous allez me dire : « Mais ce n'est pas ta première grossesse, pourtant ! » Et vous aurez raison. En effet, je fus déjà Futur Papa, naguère dans le temps jadis, mais si cette extinction complète des feux du plaisir de ma femme avait eu lieu, je ne l'avais point ressentie. J'étais dans le lancement de madmoiZelle à l'époque, je bossais dix-huit heures par jour et de fait, je transférais moi-même une bonne partie de ma libido dans ce jouissif projet. Et Elle respectait ça avec cette classe innée chez Elle.

Ou bien, Elle avait pas envie, tout simplement, mais en tout cas, je ne le savais point.

Aujourd'hui, je bosse dix / douze heures par jour et j'ai donc entre six et huit heures de plus à consacrer à ma femme. Et crac, a pu.

On pourrait tirer une conclusion de cette affaire : il faut bosser dix-huit heures par jour pour avoir la sensation de ne pas avoir de souci dans sa vie sexuelle. Mais ça serait triste.

En fait, non, c'est plus simple que ça. J'ai merdé, c'est tout. Je sais que c'est en grande partie à cause de moi. Elle a pris du ventre vite, très vite. Ca m'a scotché, voire étonné, voire effrayé que ça pousse aussi vite. Ma réponse à cette excroissance inattendue : de la blague de mauvais goût. Typiquement masculin, n'est-ce pas ? Oui, je sais. Ça me rassure parfois de faire des trucs typiquement masculins.

Des blagues que d'habitude, elle prend avec humour. J'ai sous-estimé les hormones et... l'image qu'Elle a d'elle-même. Beh oui, Elle aussi, Elle voyait son ventre enfler à vue d'œil. Ça déstabilise, ça rend pas bien dans sa peau, tout ça.

Donc on a causé. Elle m'en a mis plein la tronche, je lui ai rendu presque pareil (un peu moins, parce que je suis élégant... haha). On s'est compris, on s'est entendus, on s'est dit ce qu'on attendait l'un de l'autre. Et ça va beaucoup mieux. Beaucoup beaucoup mieux.

Mais tu sais, collègue Futur Papa, j'vais te dire un truc : c'est pas parce que t'as été Super-Futur-Papa une fois que tu gardes le titre à vie. Au contraire, mon gars.

Quand ta femme vient te dire : « Ça y est, le trait à la con dit que je suis enceinte », c'est le début d'un nouveau championnat.

Et va falloir aller chercher le titre à la fin de la saison.

Parce que le tacle par derrière, c'est carton rouge direct.

Et le coup de boule zidanesque, encore pire. Fin de carrière, retour aux vestiaires.

Respecte ta femme. Essaie donc de gagner le machin-challenge du fair-play, là.

Quand Elle met en touche le ballon parce qu'un de tes joueur est blessé, rends-lui la balle.

Et j'adore les métaphores sportives.

03 mars 2008

La distance, c'est subjectif

Ce midi, déjeuner avec ma belle. Coup de fil à 12 heures 30, juste avant de partir la rejoindre, gros bizness potentiel, proposition à rendre « en début d'aprèm ». J'hésite : j'annule, j'annule pas... J'annule pas, tant pis, je foncerai. Faut savoir tout faire en même temps, parfois. Pas facile de faire l'homme moderne.

Un tantinet survolté, j'arrive sur la Place de Lille à moitié en courant. Elle m'attend, tranquille, Elle vient d'arriver de l'Opéra, c'est à cent mètres à peine et pourtant, Elle semble essoufflée.

– Viens, on va manger un bout au McDo, je n'ai pas le temps de m'asseoir trop longtemps, faut que je file à 13 heures 30, j'ai un truc à rendre pour 14 heures, j'te raconte tout une fois qu'on sera assis.

À la fin de ma phrase, j'ai senti que j'allais d'ores et déjà trop vite pour Elle. Je fais cinq pas vers le McDo (juste à côté), je me retourne et j'avais déjà pris dix bons mètres d'avance sur Elle.

– Beh alors ? Ça va pas ?

– Tu vas un peu trop vite pour moi, là.

Oups.

On se raconte nos vies en une petite heure, le genre de moments privilégiés vite faits mais bien faits quand même. En sortant, Elle me fait :

– J'irais bien à la FNAC, mais c'est un peu loin.

– *(c'est à cent mètres)* C'est à côté.

– Oui, mais c'est loin.

– Je vois : avant, y'avait la distance à vol d'oiseau et là, tu viens d'inventer la distance à marche de femme enceinte.

– *(Elle se marre même si Elle semble un peu naze)* C'est ça.

– T'embêtes pas, j'irai pour toi dans le courant de la semaine.

– Oh, t'es un amour.

– Je sais !

Elle m'embrasse, je fonce vers le bureau.

Je me prends pour Jerry Maguire l'espace de deux secondes et demie.

...

...

Je sais pas pourquoi, par contre.

07 mars 2008

Pour booster la libido de la femme enceinte

En cette journée internationale de la femme, voici un post « vivons heureux, faisons le ménage ».

Si toi aussi, futur papa (ou pas), tu te retrouves à (je cite mon frangin) « dormir sur la béquille », voici une solution qui pourrait ragaillardir la libido enterrée de ta femme enceinte (ou pas) : une étude américaine qui vient de sortir prouve que les hommes qui font la vaisselle ont une vie sexuelle plus épanouie que ceux qui regardent la téloche pendant que maman essuie les assiettes.

Ouais.

Ça t'en bouche un coin, hein ?

Moi je dis : y'a complot. Y savent pu quoi inventer pour qu'on passe l'aspirateur et pis c'est tout.

Morceaux choisis.

« *Plus les hommes font de tâches domestiques, plus les femmes sont heureuses. [...] Quand les hommes font plus de travaux à la maison, la perception des femmes concer-*

nant l'équité et la satisfaction matrimoniale augmentent, et le couple traverse moins de conflits [...] Le fait de partager les tâches ménagères est associé avec un niveau plus élevé de satisfaction matrimoniale », et *« quelquefois plus de relations sexuelles aussi. [...] Les femmes disent ressentir plus d'attirance sexuelle et plus d'affection envers leurs maris s'ils participent aux tâches ménagères. »*

Si la vaisselle rapproche les couples et incite à faire tac-tac, l'étude soulève aussi le mal, le poison qui flingue la vie amoureuse : LES MÔMES.

« Beaucoup de couples ont augmenté le temps passé avec leurs enfants en éliminant ou en réduisant considérablement les moments romantiques. »

Saleté. J'le savais.

...

...

Et dire qu'on en fait un deuxième.

Deux fois moins de moments romantiques en perspective.

Va falloir trouver une solution.

– Chérie, on va bazarder le lave-vaisselle et on va demander à la dame qui vient faire le ménage de pu venir.

– Pourquoi ça ?

– J'ai envie de m'y mettre. Je vais le faire, ça me branche vachement. Le ménage, c'est mon dada.

– Gné ?

– Oui. Je vais le faire tout nu, d'ailleurs. Avec le plumeau, ça devrait faire l'affaire.

– Mais l'affaire de quoi ?

– T'occupes.

J'me vois bien, avec mon tablier *J'ferai pas ça tous les jours*. Haha.

11 mars 2008

Compét, quand tu nous tiens

– *(Enthousiaaaste)* Aaaaaah ué mais cette fois, j'vais pas te dépaaaasser ! J'ai pris que cinq kilos pour l'instant et toi t'en as déjà pris six !

– ...

La femme est cruelle.

La première fois, Elle avait pris pas mal de poids et avait fini par me dépasser sur la balance. Cette fois-ci, il se peut bien que ça ne soit pas le cas.

Les grossesses se suivent mais...

Et puis... que voulez-vous répondre, en plus ? Elle va donner la vie au p'tit deuxième, je lui dois respect et ~~dévotion~~ dévouement. Au moins jusqu'au 1er août. Hin hin.

12 mars 2008
Pris au piège

Ma femme et ma fille, au réveil :

– *(Fifille montre la couv d'un de ses bouquins)* Papaaaa !
– *(Ma femme, qui se demande c'que ça peut bien être)* Qu'est-ce que c'est, Lyna ? Oh ! C'est Monsieur Dodu ! *(regard taquin)* Comme Papa !

J'ai parfois la sensation d'être cerné, quand les deux s'y mettent. Manquerait pu que le p'tit deuxième soit une p'tite deuxième et je suis fait comme un rat

(fifille n°2, au cas où tu es une fifille, si tu lis ceci dans quinze ans, compatis avec ton ~~vieux con de~~ Papa adoré).

17 mars 2008
Pénultième échographie[7]

Je suis blasé, j'avoue. Ça donnera sans doute du grain à moudre au p'tit deuxième quand il lira ces lignes, du style « oué, je savais bien que t'aimais plus ma sœur que moaaaaa ! », mais là, il faut le dire : je suis gonflé par les échographies.

Si je calcule bien, c'était l'avant-dernière de ma carrière de futur père (oui, on s'arrêtera à deux et on va éviter de faire un p'tit troisième pour la route) et effectivement, il est temps que ça s'arrête.

Se lever le matin à 7 heure du mat, la tête dans le fion, pour voir le p'tit deuxième dans cette image noir & blanc, ça ne m'excite plus. Admirer sa colonne vertébrale, ses ventricules du cœur, mesurer son fémur et constater qu'il a bien un nez et deux orbites, c'est certes nécessaire et important médicalement, mais...

Je veux l'avoir en vrai, c'est tout. Capricieux que je suis.

[7] Admirez comment j'utilise trop bien les mots compliqués !

Par contre, quand il sera là en vrai, je voudrai sans doute qu'il retourne d'où il vient... Mais bon, je suis plus à une contradiction près !

Alors sinon comme nouvelles :

• « Il bouge bien », qu'elle dit, la doctoresse. Oué, on sait, on a la même à la maison, vous inquiétez pas, m'dame, on est rôdés question pile électrique.

• Il est discipliné. Sisi. Il a tout montré d'un coup, surtout le corps calleux. J'ai crié « youhouuuu, le corps calleux !!! » et j'ai fait une petite danse dans la salle, la toubib a pas trop compris pourquoi[8].

• L'échographie, si ça me gonfle, ça ravit toujours ma p'tite femme. La p'tite larme à l'œil habituelle. Elle ne s'en lasse pas. Elle doit se dire : « Au moins, tant qu'il est dans le bide, il est pas dans les escaliers à risquer de se briser la nuque. » C'est pas faux.

• Bon, juste avant qu'on entre dans la salle, Elle m'a quand même dit qu'Elle était un peu blasée – ouf, Elle reste humaine. « T'imagines, les gens qui en font trois ou quatre ? Pour eux, ça doit finir par être pareil que d'aller à la Poste chercher un colis. » L'image était jolie, je l'ai notée dans un coin.

[8] Si tu n'as pas *lu Futur Papa* premier du nom, tu ne dois pas comprendre non plus, mais il est encore temps de réparer cette ignorance coupable :)

• Rien à voir avec l'écho, mais la deuxième grossesse, c'est long. C'est super long. C'est quand que ça s'arrête ?...

Rah, l'impatient.

Plus que quatre mois et demi et j'en aurai terminé avec ma carrière de Futur Papa. (quatre mois et demi... oh ben c'est la moitié, ça !)

20 mars 2008

Pour booster la libido de la femme enceinte (pour de vrai)

Arrêtez de chercher le truc pour réactiver la libido endormie de votre chère et tendre enceinte jusqu'au cou.

J'ai trouvé la solution.

Me (re)mettre au boulot. (Re)devenir attentif à Elle. Lui (re)témoigner de l'intérêt, la (re)câliner, lui (re)dire qu'Elle est belle, avec son ventre tout rond, que je suis toujours aussi amoureux d'Elle.

Testé et approuvé par de grandes marques de lave-vaisselle Futur Papa. Succès garanti.

Comment ça, « tout ça pour ça » ? Je sais, je sais. Mais croyez-moi, quand on est dans un cercle de lose, c'est pas évident de s'en rendre compte. Tout seul en tout cas.

Et puis ça m'évite définitivement de benner le lave-vaisselle (encore lui). Re-haha.

22 mars 2008

La quête du double prénom

C'est bien beau de se la jouer XXe siècle (une lointaine époque où les échographies n'existaient point), ça permet de frimer sévère : « Fille ou garçon ?... On préfère garder la surprise. » Ça fait du bien à l'ego de voir les regards épatés/admiratifs/curieux de savoir comment on fait pour choisir la couleur de la chambre.

Enfin, c'est surtout ma femme qui adore frimer.

– Et vous arriverez à tenir jusqu'au bout ?

– Oui, sans souci. On l'a déjà fait pour la première grossesse.

– Ah ? Parce que j'ai connu des couples qui avaient gardé la surprise pour le premier mais voulaient savoir pour le deuxième.

– Oui, mais on aime bien les surprises.

– *(regard d'admiration)* Hébé.

– *(fiérote)* Oui...

Elle se la pète grave.

Le truc qu'Elle oublie de dire, la bougresse, c'est que c'est LA MERDE de se la jouer bobo-oui-la-surprise-c'est-mon-dada. Pour une raison simple : trouver DEUX prénoms. Un prénom de fille. Et un prénom de garçon.

Les plus feignasses de nos potes nous ont filé un précieux conseil : « Faut trouver un prénom mixte. » Bah oui, mais non. C'est moche, un prénom mixte. J'espère que les Dominique, Daniel et Danièle, Michel et Michelle, Jean-Michel et Jeanne-Michelle, Bernarde et Bernard ne m'en tiendront pas rigueur, mais on trouve que les prénoms mixtes, c'est moche.

On compatit. Vous y pouvez rien, vous, de vous appeler comme ça.

Et puis vous devez savoir que c'est la merde d'avoir un prénom mixte. Moi, j'ai choisi un « pseudo » qui peut être interprété comme mixte sur madmoiZelle. Beh oui. *Fab*, ça peut faire Fabrice, mais aussi... Fabienne. Eh ben, j'peux vous dire, se faire appeler « Madame » ou « Mademoiselle » après avoir décroché le téléphone – et oublié d'enclencher le mode « voix virile » – ça met un coup à la testostérone. Bref. Donc pas de prénom mixte. Mais deux prénoms.

La première fois, on a eu un sacré pot. On n'avait qu'un prénom de fille. Si on avait eu un mec, on aurait été obligés de le nommer avec le premier truc qui nous tombait sous la main. « Pampers ». Pas terrible pour démarrer dans la vie.

Ou alors, on l'aurait appelé comme la sage-femme. « Céline ». Ok, ça fait auteur. Sacrément controversé. C'est bien pour l'affirmation de sa personnalité. Mais pour affirmer son statut d'homme, y'aurait fallu repasser. Ou alors qu'il ait plein de poils pour compenser, mais vu la pilosité du papa, c'était pas gagné.

Donc voilà. Pour l'instant, on est broucouille. Zéro idée, rien qui fait tilt.

Mais ça va venir. Comme ça, d'un coup, sans crier gare. Au moins pour le prénom de nana. Parce que pour le prénom de mec, on va encorer galérer, je le sens.

Présage sur le seske du p'tit deuxième ?... Va savoir.

24 mars 2008

Enfin en week-end en amoureux

Souvenez-vous, c'était en novembre. On devait se faire un p'tit week-end lover à Barcelone. La grève des stewarts, le voyage dans l'os, on est restés sur Lille, à forniquer comme des castors. Et à procréer le p'tit deuxième.

Depuis, ma femme a remué veaux, vaches, cochons et marées pour pouvoir partir avec le voucher offert par Air France à cette occaz. Impossible à utiliser, formalités administratives à la mords-moi le zizi, autant ils savent correctement te dire « ah bah, c'est annulé », autant c'est des champions du monde toutes catégories pour t'empêcher d'utiliser le billet remboursé.

« À nous de vous faire préférer le train », finalement, on s'est cassés à Paris pour un week-end.

Il a plu et fait environ -12°C. Normal.

On a mangé. Beaucoup.

On a cherché un prénom à la FNAC, sans succès. (Knut ?... Ça sonne bien, non ? Knut Florent ?)

On a passé des coups de fil au pied de la Tour Eiffel. Grande idée de ma femme, qui adore aller se fourrer dans tous les trucs à touristes. Mais avec cinq heures d'attente, ça sera pour la prochaine fois.

26 mars 2008
C'est l'instinct ?

Bon... soit Elle a capté en fourbe un truc pendant l'écho (alors que je me cachais les yeux comme un môme de cinq ans), soit c'est LE fameux instinct de la femme enceinte qu'il paraît qu'elles ont, les femmes enceintes tellement elles sont enceintes.

Quand on parle du p'tit deuxième, Elle dit toujours « elle ».

Ça me perturbe, moi. Pourquoi Elle dit « elle » et pas « le nain de jardin », comme la première fois ?

Elle plaide le « bah j'sais pas, c'est comme si j'disais “le bébé”, quoi. »

N'importe quoi. Elle sait quelque chose. C'est obligé.

Ou bien c'est un truc qu'en tant que pauv' gars, je peux pas capter.

C'est pas impossible.

30 mars 2008
Poulpe capillaire

Ce week-end, on a fait une escale à la FNAC. Pour se donner du baume au cœur (et des idées) dans la quête du prénom qui a la classe, on a feuilleté rapidos un bouquin de prénoms. Feuilleté, pas acheté (oué, on est des rats).

Je suis tombé sur un prénom de fille que je kiffe. Mia. Mia, c'est bien, ça rentre dans tous nos critères : court, facile à prononcer, joli, pas trop répandu. Au premier abord, pas de Mia foireuse à l'horizon, juste une référence qui m'enthousiasme encore plus : Mia Wallace, Uma Thurman dans *Pulp Fiction*. Mais siiiiiii, celle qui fait une overdose et qui finit avec une seringue d'adré dans la poitrine. Rock'n'roll, quoi.

Content content content. Mia, ça pète.

Pas pour ma femme. « Ça ressemble trop à Lyna, elles vont confondre leurs prénoms les premières années. » Mauvais argument. On va pas condamner un si joli prénom à cause des deux premières années de sa vie.

C'est sûr que si on choisit Germaine, ça ressemble pas du tout à Lyna, mais v'là la croix à porter toute la vie.

Toute la journée, je me fais mon p'tit film. Mia c'est joli, Mia c'est cool. Éventuellement, elle peut danser le Mia, mais rien de bien grave. J'étais content, je sentais que ça collait à merveille.

À la fin de la journée, Elle tient sa revanche, Elle a sa solution, Elle a trouvé le truc. Un petit sourire (pernicieux) en coin, Elle me lance, comme ça, au milieu d'une conversation : « Ah et au fait, Mia, c'est le prénom de Mia Frye. »

...

... Jackpot. En plein dans le mille. Je l'avais oubliée, celle-là.

En une demi-seconde, je voyais ma (peut-être) future fille avec un poulpe sur la tête venir me déranger pendant que je joue à la console :

– Papa ?

– *(en plein pétage de Mougniougniou sur NBA 2K13)* Papa est à fond, là, tu sais...

– T'as le pia pia pia dans ton corps ?

– ARGH.

– Oh ben t'en fais une tête ! HAPPY FACE, Papa !

– Re-ARGH.

Ruiné, l'enthousiasme, enterré, le joli prénom Mia.

Et tant pis pour Mme Wallace et sa prestation sur *Girl, You'll be a woman soon*.

31 mars 2008
ARGH

Alerte Bobo Ego Future Maman !!! Je répète Alerte Bobo Ego Future Maman !!!

– Fab...

– Oui ?

– J'ai pris sept kilos.

– Et ?

– C'EST ÉNORME !

– Ça va. T'as passé la moitié de la grossesse, ça reste correct.

– Nooooon, c'est trop !

– Mais... j'comprends pas. T'as l'air de te rendre compte que maintenant que t'as pris sept kilos ?

– Beh ui. Je me pesais pas avant.

– ... En parlant de poids, moi, j'ai atteint mon poids-point de non-retour. 86,5 kilos. Dès demain, je me colle au régime sévère. Finie la couvade !

– Ça te va si j'te fais des pizzaguettes ce soir ?

– Avec de la salade alors ?

– Oui oui.

J'suis pas prêt de me débarrasser de mes poignées d'amour.

Un peu plus tard dans la soirée, alors que je lui masse le dos :

– *(en lui massant les fesses)* Oui donc, après le bébé, on s'attaque à ce speck, ma belle !

– Ah donc ça y est, j'ai pris des fesses ?

– *(ARGH interne)* Non, c'est pas c'que je voulais dire. Je parlais de notre speck. Du mien, du tien, du nôtre. Qu'on sera beaux et désirables et tout.

– Oui bah là, c'est pas vraiment le cas.

– *(DOUBLE ARGH interne - en lui faisant un bisou)* ... Mais si, t'es belle comme tout.

– Je suis lucide, tu sais.

– *(TRIPLE ARGH interne)* ... Gné.

Après « Fous ta cagoule », « Planque ta balance ».

(oui je sais, j'ai merdé total.)

Avril

03 avril 2008

Les mots-clés de Google

C'est un truc bien, ça, sur internet : vous pouvez voir à partir de quels mots-clés tapés dans google les gens sont arrivés sur votre blog. Y'en a des salés et certains blogueurs adorent en faire des p'tits posts. Allez, voici donc une petite sélection de mots-clés.

« anti ronflement femme enceinte »

Je sais, mon pote, je sais. Mais sache, si ça peut te rassurer, qu'on est tous dans la même galère. La femme enceinte ronfle, c'est clair et net. Elle ronfle toute la nuit et le matin venu, quand t'as galéré pour dormir à cause de ces horribles bruits, Elle vient te dire : « Ah j'ai pas passé une très très bonne nuit. » C'est un classique, mon pote, ça va avec la grossesse. C'est comme les seins qui enflent, sauf que c'est chiant.

Et je sais pas si une opération anti-ronflement y changera quelque chose. Si des lecteurs veulent (et peuvent) témoigner, ils sont les bienvenus.

« poème pour futur papa »

Allez, hop, je retrousse mon clavier et je m'y mets. Voilà pour toi, lectrice (je suppose) venue de Google, un petit poème de ma composition. N'hésite pas à t'en servir, c'est cadeau.

Ô mon adoré,
Mon géniteur préféré,
Ton spermatozoïde courageux
A fécondé l'un de mes œufs.
Et maintenant te voilà
Tout désigné pour être futur papa.
Tu ne le sais pas encore,
Trop préoccupé par ta console
Mais pour toi, ça risque d'être hardcore
Mon tendre (mettre ici son prénom), t'as pas d'bol.
Neuf mois durant, tu vas galérer
Et si tu es persuadé que l'accouchement
Sera pour toi la fin du châtiment
C'est que vraiment t'as rien capté.
Je t'aime et crois-moi,
Toi aussi durant 9 mois
Tu vas m'aimer comme un fou
Sinon jte pète les g'noux.
La future mère de ton enfant,
(mettre ici ton prénom)

« les seins de ma femme »

Alors... alors alors... Petit cours de Google : même si le moteur de recherche est extrêmement performant, il n'a pas directement en tête vos informations patronymiques. Donc si tu cherches effectivement les seins de ta femme sur Google, il va falloir passer par « les seins de Josiane Michu » (si tu es effectivement le mari de Mme Michu).

... Enfin, tu vois le truc, ou pas ?

« lettre futur papa »

Ça vous dirait pas un poème ? Et dans ce cas-là, vous remontez un peu. J'en ai un vachement bien pour vous.

« allaiter sexe papa »

Typiquement le genre de mots-clés ambigus et difficiles à déchiffrer : parle-t-on de l'acte sexuel (avec le papa donc) durant l'allaitement... ou bien d'allaiter le sexe du père ? Ça ne revient pas du tout à la même chose, vous en conviendrez.

M'enfin, après tout, tous les goûts sont dans la nature... ahem.

04 avril 2008

Comment perdre les kilos de sa couvade ?

On pourrait croire que l'être humain apprend de ses écarts, mais *que nenni*. J'ai repris ENCORE cinq kilos en cinq mois. Les lecteurs de *Futur Papa* le savent, j'avais déjà fait le même coup lors de la première grossesse. Ma femme s'arrondit et par solidarité, j'enfle avec Elle.

Même topo que la première fois : cinq kilos en cinq mois. Mais cinq kilos beaucoup plus vicelards que la première fois. Cinq kilos qui se sont étalés bien comme y faut, si bien que je ne les ai pas vus venir. La fois passée, c'était direction le bide. Ça se voyait. Là, ils doivent être un peu partout.

Les saligots.

Je suis donc en train de me transformer en « faux maigre ». Cette race de mecs sympa à regarder habillés, mais qui, une fois à poual, provoquent une grande désillusion. Tu vois quoi ? Tu en es aussi, lecteur ? Ué, je sais.

J'ai donc décidé dimanche dernier de m'en séparer. Et de renvoyer chez leur mère quelques-uns de leurs copains, en prévention.

La vie de trentenaire est une fête.

Et ne rigole pas, le couillon de vingtenaire, là-bas, au fond : moi aussi, quand j'avais vingt-cinq piges, je mangeais un bœuf sauce échalote accompagné de grosses-frites-belges-mayo-ketchup et je prenais pas un gramme. Passés vingt-sept ans, c'était fini : à peine je reluquais un paquet de Magnum chez Carrouf que je prenais cinq cents grammes.

Donc je disais : la vie de trentenaire est une fête et j'ai décidé de passer en mode régime actif.

Depuis lundi donc, je vous fais le menu (ça peut servir).

- **Matin :**
céréales + un verre de jus d'orange + une banane vers 10 heures 30-11 heures en cas de coup de mou (et il y en aura, t'inquiète).

- **Au boulot :**
du café, mais sans sucre (la vie est une fête, je t'ai dit).

- **Midi :**
au menu, des protéines autant que tu veux, MAIS PAS DE SUCRE, lent ou rapide. Pourquoi ? Parce que c'est le sucre, ce bâtard, qui fixe la graisse.

Ça signifie : avale cinq steaks (grillés) si tu veux, mais ne les mélange pas avec des patates, des pâtes, un Coca ou un sucre avec ton café. Le pain, tu oublies, c'est mauvais.

Préfère donc les grillades à la cuisson au beurre. Tu peux accompagner ce succulent steak d'haricots verts (avec un peu de beurre, mais pas trop), de salade (et du vinaigre balsamique, miam quel délice). Et puis c'est tout. Génial, nan ?

Avec ton café, tu peux déguuuster un p'tit carré de choco noir dégustation (au moins 70% de cacao). En dessous de 70%, n'oublie pas : tu fixes (la graisse, jveux dire).

Si tu as faim durant l'aprèm, trouve-toi une barre de céréales, ou un fruit. Ça cale son gaillard, une pomme ou un Balisto, pas vrai ? Allez, avoue que t'es heureux !

- **Le soir** :
de la salade. Grille-toi un morceau de dinde ou de blanc de poulet. Pas de fromage, pas de charcuterie, pas de pain. Tu peux t'accorder un p'tit plaisir, mais déguste-le avec la plus grande saveur. Miaaaam. Ta bouche doit devenir un palace et pas une benne à ordure où tu ingurgites des tas de cochonneries. Si j'avais su avant que c'était aussi funky, la trentaine, j'aurais signé tout de suite. Haha.

Quelques autres principes

- Avant de démarrer chaque festin, je m'avale un grand verre d'eau. Oublie le coca, oublie la picole. De la flotte. Youhou, on est des dingues. Ça cale, bien, un grand verre d'eau.

- Mange lentement. Pose ta fourchette après avoir enfourné tout ça dans ta bouche. Mâche bien, ça fait travailler l'estomac. Tu digéreras mieux et tu consommeras plus vite.

- Dors bien et beaucoup. Ça, c'est pas mon cas, mais y paraît que c'est mieux.

Et ça marche ?

Depuis lundi, j'ai perdu 1,5 kilos. Ceux-là, y s'étaient vraiment invités sans que personne leur demande quoique ce soit. La suite risque d'être plus rude, mais j'y crois.

Après avoir perdu quelques kilos, il faudra se faire une raison : je dois me remettre au sport. Piscine + abdos tous les matins, ça devrait le faire pour devenir le beau trentenaire que ma femme aimera encore même-si-j'ai-terminé-ma-carrière-de-géniteur.

06 avril 2008

Les petits trucs qui me manqueront...

... quand je ne serai plus Futur Papa. Oui, parce que je sais plus si je vous l'ai dit ou pas, mais ma carrière de Futur Papa s'arrêtera après le p'tit deuxième. Deux, c'est un bon chiffre, même si techniquement, c'est trop peu pour renouveler une génération (oui, il faut faire 2,1 enfants, si j'ai bon souvenir de mes cours au collège).

À l'instant où j'écris ces lignes, je suis assis dans notre immense canapé (qui ressemble plus à un lit qu'à un canapé, il faut le dire), Elle roupille à côté de moi (à l'autre bout du canapé)... et j'ai un p'tit coup de nostalgie en me disant qu'il y a des tas de trucs spécifiques à la grossesse que je ne vivrai plus. Allez hop, en voilà une petite liste !

- Finis les siestons entre 13 heures et 15 heures le week-end.

La sieste du début d'aprèm, Elle ne fait ça que durant la grossesse. La première fois, ça m'avait fait super bizarre, style tu arrives encore à découvrir une facette de la personnalité de ta femme, alors que tu la connais depuis dix ans.

Là où Elle est très gonflante, c'est qu'Elle est incapable de faire la sieste dans le lit conjugal. Donc Elle s'allonge à côté de moi... et moi, comme un connard, je ne bouge pas le petit doigt de peur de la réveiller.

L'autre jour, Elle a même tenté de poser sa tête sur ma cuisse. J'étais en train de jouer à la console et Elle me dit : « Ça te dérange pas si je fais une petite sieste ? » Moi, je jouais, donc j'ai pas percuté (comme d'hab). Ça ne m'a pas empêché de lui répondre : « Oui oui pas de souci. » Je suis resté coincé là une heure, avec la jambe toute ankylosée. En plus, je la soupçonne de m'avoir piégé : Elle sait très bien que je l'écoute pas quand je joue !!!

- Finis les ronflements dignes de son père.

Oui, Beau-papa a un super-pouvoir : il terrasse tous ses ennemis en roupillant. Quand il ronfle, la terre tremble. Heureusement, sa fille n'a pas hérité de cette particularité génétique... sauf quand Elle est enceinte. Là, Elle roupille et c'est une symphonie. Je devrais l'enregistrer, tiens...

Et LE PIRE dans tout ça, c'est que la fameuse technique à la De Funès dans *La Grande Vadrouille* NE MARCHE PAS ! Au contraire, Elle ronfle encore plus fort.

Damned, heureusement que je la connais depuis tout ce temps (et que ça ne dure que neuf mois), parce que c'est LE truc anti-sexy. Cher lecteur, si ta femme ronfle en temps normal même quand elle est pas enceinte, j'te super-plains.

- Finis les pantalons de femme enceinte.

Rah, la *fashion* chez la femme enceinte. Là, Elle vient d'acheter un jean de femme enceinte. Elle a pris une ou deux tailles au-dessus, dans la perspective de le garder jusqu'au bout, sans doute. Et c'est vraiment pas... seyant.

Mais y'a aussi des trucs qui vont *vraiment* me manquer : fini ce ventre tout rond, finies les séances de touchage de bidou que j'adore, fini de bloguer sur mes malheurs de futur père... rahlala.

09 avril 2008
Touchage de bidou fraternel

C'est assez drôle de voir Lyna prendre – petit à petit – conscience qu'elle va bientôt devoir partager notre attention avec… « Sœur ». Oui, « sœur », parce que quand on lui dit qu'elle va avoir « un petit frère ou une petite sœur, mais qu'on peut pas choisir », elle répond à chaque fois « sœur ». Tu m'étonnes. Elle a affaire à des mectons toute la journée chez la nounou, Elle connaît d'ores et déjà la musique.

(D'ailleurs, petite parenthèse, dont je ne devrais pas être fier, mais en fait, si quand même : elle a mordu un des p'tits mecs qui la gonflait chez la nounou, l'autre jour. J'ai pris une posture « pas content », histoire de faire bonne figure, mais j'étais un peu très fier, au fond, qu'elle se laisse pas faire, ma fille, tout en pensant « ma fille, plus tard, je t'expliquerai d'autres tours, comme le jus d'couilles ». Très efficace, le jus d'couilles.)

Oui et donc où en étais-je ? Ah oui. « Sœur ».

Quand le p'tit deuxième montre des signes de « ého j'existe moi, là-dedans ! », je l'assois sur les genoux de sa mère et lui pose sa p'tite main sur le gros ventre. Elle reste là, à attendre un coucou de « sœur », à regarder dans le vide, avec un grand sourire.

Bien sûr, à ce moment-là, le p'tit deuxième ne bouge plus d'un poil.

Merdeux, va. Ou merdeuse.

10 avril 2008

Ma mère aime mes kilos en trop

Nota Bene : lors de votre chasse aux kilos de votre couvade, ne prenez SURTOUT mais SURTOUT jamais en compte l'avis de votre mère adorée.

Hier, ça a donné un truc comme ça : « Roh mais tu sais, je trouve pas que tu aies besoin de perdre des kilos. Moi je trouve que tu fais costaud comme ça ! »

« Costaud ». Elle sait comment me flatter, la bougresse.

Je la soupçonne même d'avoir monté un plan dans sa tête : que je me fasse foutre à la porte par ma femme quand j'aurai atteint le plus-que-quintal et que je retourne à la maison pour qu'elle me fasse des bons p'tits plats (des rognoooons, des moules-friiites, du filet américain-frites-salade... et d'autres trucs qui font saliver).

MAIS NON, MAMAN, NON. La perspective de tes p'tits plats bien gras n'aura pas raison de ma volonté de fer.

- 3 kilos. YEAH BABY !

12 avril 2008

La bataille de la voiture à deux portes

On va la faire guide touristique :

Ci-gît les derniers espoirs de Futur Papa de ne pas sombrer dans la famille-pas-nombreuse-certes-mais-équipée-comme-une-famille-nombreuse. Ils furent occis par sa femme dans un vigoureux combat appelé « la bataille de la voiture à deux portes », remporté haut la main par Madame. Futur Papa ne s'en est jamais remis et a sombré dans ~~l'alcool~~ la Xbox 360.

Donc voilà : après être passé au modèle de voiture supérieur quatre portes lors de la première grossesse, je me disais qu'il était fort dommage de ne pas revenir à la voiture deux portes, certes moins pratique pour accueillir les mômes à l'arrière, mais plus jolie et moins « famille nombreuse » (qu'on n'est pas et qu'on ne sera jamais).

C'était sans compter la ténacité de ma femme.

Elle est forte, la bougresse.

J'explique : l'argent pour acheter cette caisse, c'est le sien. En temps normal, on aurait dit « c'est le nôtre », mais là, c'est plus compliqué : c'est ses sous, qui viennent de l'héritage de son papy. Donc c'est SES sous.

Dans un couple normal, m'a-t-on appris à l'école[9], c'est l'homme qui choisit les caisses. Même la voiture de Madame. Comment ça *old school* ? Plaignez-vous à l'Éducation nationale.

Sauf que là, raté. On est dans les années 2000 et j'ai épousé une femme moderne, qui a dû rater ces précieux cours prodigués au siècle dernier. Elle a donc décidé de choisir et d'acheter SA voiture. SA sienne. À première vue, ça peut faire caprice, je l'ai cru aussi au premier abord, mais non : Elle s'est jamais rien acheté qui lui faisait plaisir depuis qu'Elle bosse, alors Elle a décidé de claquer. Et na.

Les hormones ? Une pré-crise de la trentaine ?

Va comprendre. J'ai rendu les armes, moi.

J'ai donc milité looongtemps pour ~~qu'on~~ qu'elle craque pour une voiture à deux portes.

– Mais si, une deux portes, c'est plus joli.

– Oui mais pour mettre les enfants dans le siège bébé, c'est compliqué.

---

[9] Elle a bon dos, l'école, faut la charger. Haha.

– Oui mais regarde, Lyna monte déjà dans le sien toute seule.

– Oui mais le p'tit deuxième, pas encore.

– Oui mais c'est l'affaire de dix-huit mois. Si tu veux, c'est moi qui le mettrai dans son siège *(argument ultime).*

– …

– *(YES J'AI GAGNÉ !!!!)* …

– Oui mais j'ai mes clients aussi, qu'il faut que je prenne à l'arrière.

– *(ARGH)* Oui mais ils seront contents, tes clients, de monter dans ta voiture deux portes.

– Bah non, ils auront l'impression de sortir du ventre de leur mère. Toi-même tu dis toujours ça quand t'es à l'arrière.

– *(ARGH elle est forte, la bougresse)* Oui mais comme ça sera ~~ma~~ ~~notre~~ ta voiture, j'irai à l'avant.

– *(FATALITY[10])* Oui mais bon quand même, c'est ma voiture, c'est moi qui décide, et JE VEUX une quatre portes.

– *(La tête arrachée)* …

[10] Les fans de Mortal Kombat comprendront.

Oui. C'est pas facile de parler sans tête.

Elle a donc décidé d'acheter... une Audi A3 quatre portes.

Oui oui. J'avais prévenu, elle a décidé de claquer.

Heureusement, on recycle la poussette, sinon j'me serais retrouvé chez Aubert à acheter le modèle Ferrari-jsais-pas-quoi.

16 avril 2008

Explicite & Machine à laver

S'il y a bien un truc pas trop con que j'ai fait pour notre couple – et que je ne regrette point – c'est d'avoir dit *explicitement* à ma femme que je voulais qu'Elle reste ma femme, mon amante et pas seulement « la mère de mes enfants ».

Ça m'a valu quelques reproches, voire de me faire taxer de « machisme » par certains journalistes lors de la promo du bouquin (allez comprendre), mais j'en suis heureux, aujourd'hui.

Ça peut paraître con à dire, mais tant que ce désir reste dans l'implicite et le non-dit (voire dans le « normal »), je suis convaincu qu'il y a un truc qui ne se déclenche pas, aussi bien chez le jeune père que chez la jeune môman. Et je suis content d'avoir fait cette démarche, parce que même en l'ayant dit et répété, il arrive encore que son côté maternel prenne le dessus sur tout le reste. Oh, ce n'est pas bien grave, une broutille par rapport à ce que d'autres mecs doivent vivre au sein de leur couple.

Mais parfois, je me fais peur en m'imaginant ce que ça aurait été si je n'avais pas levé la main en disant : « Moi père, toi mère, mais nous sexuellement très compatibles. Moi vouloir encore prendre toi sur machine à laver. » *(je caricature mais c'était presque ça).*

D'ailleurs, C'est Elle qui m'en a parlé l'autre jour et qui m'en a fait prendre conscience.

– Y'a des moments où je m'occupe plus vraiment de toi, hein ?

– *(avec les yeux de Chapoté dans Shrek, tuvoikoi ?)* ...

– *(elle culpabilise direct, ça marche super bien, les yeux de Chapoté)* J'suis désolée, tu sais.

– *(digne et à base de bogosse)* Non, mais c'est pas grave, tu sais. Je sais bien que tu peux pas être partout... *(pensant qu'Elle va me contredire, au moins pour la forme)* et fifille passe avant moi, c'est normal.

– Bah oui, je sais. *(ARGH)* Mais je vais faire gaffe, j'te promets. *(chouette !)*

– La machine à laver est en route ?

– Hein ?

– Nan, laisse tomber. *Private joke.*

Bon, en même temps, j'me plains mais Elle tue tout, ma femme.

On rentre dans le dernier trimestre, on va attaquer le lourd. Youpi tralalère.

21 avril 2008

Always look on the bright side of life

La grossesse deuxième du nom est longuette, on a tous les deux hâte qu'elle se termine. Elle prend du poids, Elle se sent mal dans sa peau, je suis maladroit comme je suis magnifiquement capable de l'être. En mode gros con.

Alors hop, vite vite que le p'tit deuxième arrive.

On en discutait l'autre soir, on s'envoyait des reproches mutuels dans la tronche (on le fait à merveille en ce moment). « Oué, tu fais pas ceci », « Peut-être mais si toi tu faisais cela... » Bref, de la bonne connerie bien bien conne de part et d'autre.

On finit par aller se coucher, un peu ronchons mais toujours amoureux quand même.

Et juste avant que je m'endorme, Elle me sort un magnifique truc, que j'ai entendu dans mon premier sommeil. Ca donnait à peu près ça : « Et en fait, je te reproche des trucs, mais c'est idiot. J'ai toujours l'impression d'avoir été bien, épanouie et à l'aise lors de ma première grossesse, mais quand j'y repense plus en profondeur, j'étais pas si bien que ça. Et tu sais pourquoi je me plante comme ça ? C'est uniquement parce que je me suis construit ces souvenirs positifs par rapport à ton bouquin. »

Je l'ai remerciée, serrée dans mes bras et j'ai dû m'endormir avec un sourire aux lèvres, je pense.

Elle a la classe, ma femme.

Et je note : du positif, du positif, du positif.

22 avril 2008

Miam, c'est cadeau

On se regarde *Scrubs* en ce moment. Je sais pas si vous connaissez cette série, mais c'est énorme. Hier, ils parlaient d'accouchement... et l'autre enfoiré de Kelso (les initiés comprendront) sort : « Dans 90% des accouchements, il y a des défécations accidentelles. »

J'ai pâli. Déjà que j'étais à deux doigts de défaillir la première fois, alors si en plus, ce moment déjà funky est saupoudré du caca de ma chère et tendre... je ne réponds plus de rien.

Elle a vite vu ma tête. Et Elle m'a sorti : « J'te promets que je saurai me retenir ! » Qu'est-ce qu'Elle raconterait pas comme bêtises pour m'avoir à ses côtés, hein.

N'empêche que... 90%... c'est ÉNORME. On n'en parle jamais, mais ça doit en traumatiser, des couples. Et bon appétit si vous dégustez votre repas en lisant cette note. Miam.

24 avril 2008
Trois mois vers le futur

Je suis passé voir la nouvelle petite famille Florent ce soir, à l'hôpital. Quel bonheur de voir mon frangin enfin papa, sa femme en bonne santé et le petit Nils, un tout petit morceau, roupiller comme un loir dans son berceau en plastique, avec une chaussette (?) sur la tête. Ils le méritent, ce p'tit père, tous les deux, j'suis heureux pour eux.

Pour mon père, le bonheur : le premier Florent de sa lignée, qui prolongera le nom. Je ne lui ai pas dit, mais ce n'est pas sûr qu'on n'élève pas Lyna dans la perspective de garder son nom de jeune fille, si elle le souhaite. Ou au moins de lui expliquer que oui, c'est possible. *Girl power* et fuck les vieilles traditions.

Ça m'a surtout fait bizarre de revenir dans un hôpital, quasiment deux ans après le 30 juin 2006. L'odeur, les couloirs aseptisés, la lumière au néon, les perf' aux bras de la jeune maman et sa mine toute pâlotte, portant encore les traces de l'effort... je ne m'y ferai jamais, je pense.

Et puis de voir ce petit bout dormir à poings fermés... ça m'a propulsé dans trois mois et ça a surtout réveillé pas mal de souvenirs (à la fois – encore – douloureux et fantastiquement heureux). L'attente, le travail, les conneries que je lui racontais, la péridurale, l'accouchement, les cris, la douleur de ma femme, mon presque malaise à la con, cette ÉNORME baffe dans la tronche, l'impression de vivre un moment hors de ma vie et pourtant bien ancré dans le réel, l'immense joie quand la sage-femme me dit que c'est une fille, la découverte de ce petit être inconnu mais pourtant familier, le soulagement de voir ma belle enfin apaisée, les premiers soins, mes premières paroles de père adressées à ma fille. Bref. J'en chiale encore, comme j'ai pleuré toutes les larmes de mon corps en sortant de l'hôpital, le premier soir. Un mélange de pur bonheur et de besoin d'évacuer toute la violence engrangée dans la journée. J'ai pleuré pendant des plombes. Dans la voiture. Dans le jardin, tout seul, comme un con, assis dans un coin. Je ne pense pas qu'Elle le sache, d'ailleurs.

Sans doute la journée la plus puissante de ma vie. Jusqu'à dans trois mois.

On n'a pas eu l'occasion de discuter de tout ça avec le frangin et j'ai hâte qu'on le fasse. On a beau être vraiment différents sur plein de points, voilà sans doute un truc qu'on partage désormais tous les deux.

29 avril 2008
C'est cadeau (encore)

Oh ben tiens... vous aviez déjà entendu parler de cette tradition qui consiste à ce que le jeune papa offre un cadeau à la jeune maman après la naissance du bébé ?... Mais, pour célébrer quoi, d'abord ? Pour la remercier d'avoir enfanté ? C'est un peu *has-been*, hein.

Parce que franchement, en tant que futur père moderne qui assiste à l'accouchement, on en bave au moins autant, voire plus que la maman, j'ai ma p'tite théorie sur le sujet : c'est bien plus dur d'assister (impuissant) à un effort que d'être dans l'effort.

Bref. Cette histoire de cadeau m'a étonné. Ça doit se perdre d'ailleurs, puisque je n'en avais jamais entendu parler avant la semaine passée – et pourtant, j'suis au taquet niveau grossesse.

J'ai un pote, sa femme veut une montre super chéros. Un autre, une grosse bagouze avec plein de diamants. Ah bon. C'est donc prêt à sacrifier mon achat planifié du nouveau GTA 4 que je suis allé entreprendre ma douce au ventre rond comme un ballon.

– Tiens, tu savais qu'il « fallait » offrir un cadeau à la nouvelle maman selon une tradition qui m'échappe ?

– Ah non. Pourquoi, tu comptais m'offrir un cadeau ?

– Non non, mais j'ai une idée de cadeau pour moi, par contre :)

– Haha. GTA, c'est ça ?

– *(Oh mon dieu mais elle est extralucideeee !)*... Non non, une planche à abdos pour (re)devenir l'Apollon que j'étais naguère.

– Ah ui, pas bête. Mais tu peux aussi t'offrir le GTA, tu sais.

– *(Damned, elle est forte, la bougresse. Je ne peux que m'incliner)* Ouiiii, on verraaaa. Et toi, tu as une idée de cadeau ?

– Oui.

– Et c'est quoi ?

– Bah ça va pas te coûter cher *(je l'aime)*. J'voudrais juste récupérer ton iPod nano qui traine pour mettre dans ma future voiture à la place de mon CD qui tourne en boucle.

Alors certes, je joue à GTA 4 et Elle a récupéré mon iPod... mais ça ne m'empêche pas de me demander un truc : si Elle est aussi peu exigeante au niveau cadeaux, est-ce que ça veut dire qu'Elle était dans le même état d'esprit lorsqu'Elle m'a choisi ?...

« Oh ben lui, il a des boutons plein la tronche[11], des lunettes façon CHIPS et une bonne gueule à finir chauve d'ici cinq ans, mais j'vais faire avec, ça m'ira bien... »

Va savoir.

(Il se cache dans ce post un extrait de générique de dessin animé des années quatre-vingt... saurez-vous le retrouver ?)

---

[11] J'avais dix-sept ans, ça va hein !

Mai

05 mai 2008
Du sexe avec la femme enceinte

Câlin torride hier avec ma p'tite femme. Alors qu'Elle avait le ventre collé à ma hanche...

– Waw, mais ça cogne là-dedans ! Y'a le nain de jardin qui n'arrête pas de m'envoyer des coups de pied.

– Ça donne un peu l'impression de pas être seuls, c'est vrai...

– *(Ça cogne de plus en plus fort / parlant au ventre)* Mais... t'as fini, oué ? Je t'ai pourtant déjà dit que le coup de l'œil éborgné par l'énorme sexe de ton père, c'était une légende !

– Ou peut-être que c'est un garçon et qu'il veut pas que tu touches à sa mère.

– Hébé. Ca commence bien.

Quelques minutes plus tard... l'écoute-bébé qui pleure.

– *(agacée)* Aaaah mais mince, je pensais avoir baissé le son...

– Bon ben voilà, au moins, on fait ça en famille, c'est cool !

– Ha ha.

Magnifique.

12 mai 2008
Ras la grossesse

Elle commence sérieusement à s'arrondir et si Elle n'a pas encore adopté la cultissime Marche de l'Empereur, je sens bien que ça la gonfle.

– *(Elle s'assoit en soupirant)* Pfffffffffffffffff...

– Oh ben t'as l'air heureuuuuuse et épanouiiiie.

– Ah ui, je suis bien, mais j'en ai marre d'être enceinte, c'est tout.

– Moi aussi, j'en ai marre. Et puis surtout j'ai hâte de prendre ma deuxième GROSSE baffe. *(tapant dans les mains façon... jsais pu qui)* jaihatejaihatejaihatejaihate.

– En tout cas, si tu veux un troisième, tu iras te trouver une autre génitrice. Pour moi, ça s'ra tout, le café l'addition.

– On est d'accord.

Souvent, j'ai des potes qui me disent « oh, mais si vous avez une fille... » ou bien « oh mais tu sais, Elle dit qu'Elle n'en veut pas, mais Elle changera d'avis ». Je commence à la connaître un peu et là... j'pense pas. Ou ça sera sans moi.

... En même temps, faut jamais dire « jamais ».

13 mai 2008
13 mai 1995

Aujourd'hui, c'est un jour un peu spécial pour nous. Il y a treize ans, on se roulait notre première galoche. On ne le savait pas encore, mais c'était le début d'un truc un peu spécial. Ce soir, on s'est débarrassés de la blondinette à bouclettes (merci Belle-Maman !) et on va profiter un peu de ce moment.

J'ai donc cherché quoi écrire à ce sujet... et puis je me suis souvenu de ce que j'avais écrit il y a deux ans. J'ai retrouvé ce petit texte, je vous le relivre, tel quel.

Impossible de ne pas poster un truc aujourd'hui sur le sujet.

Il y aura onze ans, ce soir, vers 22 heures et des brouettes, qu'on se sera roulé notre première pelle. Bah oui, ça fait pas très romantique, raconté comme ça. En même temps, en musique de fond, y'avait You gotta lick it. *Tout un programme.*

Précisons que ce cultissime morceau du milieu des années quatre-vingt-dix est interprété par la même « chanteuse » que Short Dick Man. *C'est dire si je l'ai échappée belle (pour les non-anglophones, ça veut dire « mec à petit zizi »).*

Heureusement, Elle cause pas des masses anglais. Vous imaginez, si on s'était roulé notre première galoche sur Short Dick Man *et qu'Elle était parfaitement bilingue ? Elle aurait pu prendre ça pour un signe quelconque et se barrer en courant.*

C'est d'autant plus vrai qu'à l'époque, Elle avait écrit dans son journal intime : « Je sors avec Fab. Il est sympa, mais pas hyper-craquant. » Ça partait bien, j'ai dû cravacher pour gagner son cœur.

Alors vous imaginez, avec Short Dick Man *en musique de fond... Ça tient à peu de choses, une belle histoire, quand même. Et si ça tombe, le DJ de la soirée était bourré et voulait mettre* Short Dick Man...

Il y a donc onze ans qu'on est ensemble. Elle avait presque seize ans, j'avais dix-sept ans et demi. Difficile de revenir sur une si grosse partie de ma vie en quelques lignes.

Onze ans sur vingt-huit, ça fait beaucoup. Quand on se retourne et qu'on regarde le chemin accompli, c'est un parcours plutôt sympatoche : le bac, la bande de potes, nos premières vacances tous les deux, mes études, ses études, son année à Bordeaux, les doutes (« Est-ce la bonne ou pas ? »... quand on tient une pépite entre les mains et qu'on a une vingtaine d'années, on est toujours assez con pour douter que ce soit vraiment de l'or), l'achat de notre premier appart, notre PACS, son job sur Paris où Elle faisait l'aller-retour Lille-Paris tous les jours jusque Montrouge, l'achat de notre maison, le montage de nos deux boîtes, notre mariage dans un gîte paumé et bientôt un nain de jardin... on se dit qu'on n'a pas chômé.

Parfois, je me dis que si je ne l'avais pas rencontrée, je serais un célibataire endurci, voguant de conquêtes en histoires d'un soir... Pourquoi ? Tout simplement parce que je suis tellement exigeant, j'ai tellement besoin que ma femme soit à la hauteur de l'idée que j'ai de la femme de ma vie, que je me dis que plus j'aurais vieilli, plus j'aurais eu du mal à trouver quelqu'une qui soit à la hauteur. Et que je suis un adepte du « mieux vaut être seul que mal accompagné ».

Elle, Elle a toujours été à la hauteur. La preuve, on est toujours ensemble et on va avoir un bébé. Ma femme, c'est une grande, c'est quelqu'un d'immense.

PS : Au fait, merci à toi, frérot. (Il avait quinze balais à l'époque, la connaissait bien, avait bien flairé le coup et il avait organisé – sans que je le sache – tout un lobbying auprès de ma future femme pour faire la promo de son grand frère). Sacré toi. Si on est ensemble aujourd'hui, qu'on attend ce bébé et que j'écris ce blog, t'y es un peu pour quelque chose. (Profite, parce que si on divorce dans cinq ans en se tapant sur la gueule, ça sera de ta faute, hein. « Mais quelle idée t'as eue de la pousser dans mes bras ? » Hahaha j'imagine bien la scène.)

Treize ans. Ce que j'ajouterais, deux ans après l'écriture de ce texte, c'est le bonheur de la voir avec sa fifille, chahuter, se câliner, la regarder, lui lire des histoires. Elle était belle avant d'être maman, Elle l'est encore plus en tant que mère.

14 mai 2008
Épine dans le pied

Même si tu le sais, que tu fais tout pour y échapper, les enfants, c'est une épine dans le pied de la vie amoureuse du couple.

Oh, pas au niveau de l'individu dans le couple, au contraire, parce qu'effectivement, ça fait grandir d'évoluer de « gros égoïste qui pense qu'à sa gueule » à « waw mais c'est vrai il y a un machin qui passe obligatoirement avant moi ». Et puis prendre en charge, éduquer, transmettre, voir grandir son môme, ça n'a pas de prix.

Non non, je parle de la vie amoureuse du couple. Même si, fondamentalement et animalement parlant, l'évolution logique d'un couple est de finir par pondre un rejeton, je me suis rendu compte hier qu'un môme, aussi génial qu'il soit (fifille, c'est quand même un sacré morceau), c'est une sacrée épine dans le pied. On peut continuer à marcher avec, mais c'est gênant. En gros, il faut apprendre à marcher avec cette épine.

Attention, je ne suis pas en train de la jouer « No Kid », au contraire. Nuancez bien mon propos. Et laissez-moi vous expliquer d'où je sors ça.

Hier, pour fêter nos fameux treize ans de roulage de pelle avec la langue étou, on s'est débarrassés de la fifille. On n'avait pas fait ça depuis bien trop longtemps et... on a passé une fantastique soirée. Pas de bain à faire prendre, pas de dodo à gérer, pas de soirée avachis devant la télé (même si on ne regarde jamais TF1, ça abrutit quand même bien, cette merde !)... on est sortis se faire un p'tit resto et j'ai eu l'impression de redécouvrir ma femme. On s'est marrés, vraiment.

Vous me direz : « Mais vous pouvez faire ça chez vous, tous les soirs, éteindre la télé ? » Bah ui mais non. On est parfois fatigués, j'ai souvent du boulot le soir, ça lui arrive aussi... le réflexe – idiot, on est d'accord – le plus simple est donc de s'affaler dans notre immeeense canapé, d'allumer la téloche, de se mettre un p'tit *Scrubs* et de se marrer un bon coup. C'est con, hein ? On est d'accord.

Donc hier, on a discuté comme on ne l'avait pas fait depuis longtemps. Et on a décidé de se débarrasser de la marmaille au moins une fois par mois.

Allô Papy ? Mamy ?[12]

---

[12] Note aux grands-parents : ceci n'est pas une demande officielle. On vous fera signe.

18 mai 2008
Hobby

L'autre jour, j'ai eu un flash : pour garder notre complicité d'antan avec deux mômes dans les bras (au choix : un pour chacun ou un dans chaque bras), il faut qu'on se trouve un truc à faire ensemble. Un projet. Je sais pas quoi, mais un truc.

Le soir, je lui soumets l'idée. Elle est moqueuse.

– Tu sais, c'qui serait bien ?… C'est qu'on fasse un truc tous les deux, rien que nous deux, sans les enfants.

– Ah ué ? *(elle réfléchit)* Tu veux nous trouver un *hobby*, c'est ça ?

– Hein ?

– Mais siiii, un *hobby* ! Comme dans *Journal intime d'un homme marié*, tu te souviens ?

– Huuum…

– *(toute enthousiaste)* Mais siiii, souviens-toi ! Le mec voulait qu'ils fassent un truc en couple, ils vont faire de la chasse, puis du bateau *(morte de rire)* et il a le mal de mer. HAHAHA. Tu veux qu'on se trouve un *hobby* !

– Mais nooon, je m'en tape du bateau. J'voudrais qu'on se trouve un truc, un projet à faire ensemble, pas forcément un *hobby*. Aller me balader avec toi dans la forêt de Phalempin le dimanche aprèm, je m'en tape !

– Bah oui, mais quoi alors ?

– Mais j'en sais rien, là, tout de suite, je lance l'idée, c'est tout…

– …

– *(enthousiaste et sournois à la fois)* Par exemple, tu te mettrais à la Xbox, je te formerais à FIFA 08 et on pourrait faire des parties endiablées, voire aller taper de l'angliche sur le Xbox Live ! *(tout excité, rire de maître du monde)* HAHAHA.

– Mais euh nan, pourquoi c'est moi qui devrait me mettre à TES loisirs ? *(avec un sourire narquois)* Pourquoi tu joues pas aux échecs, toi ?

– Aux échecs ? T'aimes jouer aux échecs ?

– *(sourire gêné)* Bah oui. C'est bien, les échecs. Et le Scrabble aussi.

– Alors 1/ tu sais que tu pourrais vite devenir trèèèès chiante dans la vie, toi ? Et 2/ j'te rappelle que ça nous est arrivé de jouer au Scrabble pendant nos vacances et que je ne joue plus avec toi, tu fais que foutre des –s, des –x, des -ez ou des –ent à la fin de mes magnifiques mots que je me casse le cul à trouver. Ou bien tu mets « des » ou « mon ». Et là, souvent c'est dangereux, parce qu'on sent bien que tu risques l'entorse de l'hémisphère gauche de ton cerveau !

– *(vexée)* Mais euh…

Bon, bah le *hobby*, c'est pas pour tout de suite.

…

…

Les échecs… non, mais j'vous jure...

19 mai 2008
Ta mère, c'est pas Superwoman

Cher petit deuxième,

Alors oui, je veux bien, tu tentes des trucs et je te dis : t'as bien raison, on ne se connaît pas encore, vazy mon pépère, fais tes armes. Sauf que, mon p'tit gars, j'suis pas né de la dernière pluie et tes tentatives, là, je les vois venir à trois bornes.

Mais c'est que t'es encore jeunot et que moi, j'ai trente piges de fourberie derrière moi. Et si j'ajoute que pour moi, le compteur tourne et que pour toi, il a même pas encore démarré, c'est vingt-cinq à zéro et pénalty pour moi.

Et donc, je te vois venir : tu t'es dit « en tant que p'tit deuxième de la bande, va falloir m'affirmer et innover un peu pour que mon livre ait de la gueule, parce que là, pour l'instant, il est mou du genou, le paternel à l'écriture ».

Et hop, tu nous offres donc un rebondissement. Dont on se serait bien passés, mais bon, il paraît qu'enfanter, c'est pas toujours facile. T'apprendras ça, un jour, j'espère pour toi.

Tu liras ces lignes dans quelques années et tu sauras que ta mère m'a appelé en pleurs cet aprèm, parce qu'Elle a été... arrêtée. Sisi. Au moins quinze jours, voire plus si affinités.

Le drame pour Elle, la terre qui s'effondre sous ses pieds. ARGH. Elle va devoir lever le pied. Et donc avoir un emploi du temps relativement libre, un agenda vide et une liberté de glander à volonté.

Que dis-je... non, pas liberté : un devoir.

Parce que bon, je disais l'autre jour que cette deuxième grossesse était longuette, mais c'est pas non plus une raison pour arriver trop tôt. Reste encore au chaud tant que tu peux, tu verras, c'est mieux que dehors. Ta mère va se reposer et tout rentrera dans l'ordre.

Et entre temps, Elle aura avalé la bibliothèque complète.

En tout cas, ce n'est pas con, ton truc. J'vais pouvoir utiliser la mention « JAMAIS VU CHEZ FUTUR PAPA ».

23 mai 2008
Emploi du temps chargé

L'autre soir, au resto, y'avait tellement du lourd que j'avais besoin à un moment donné de prendre deux-trois notes dans un coin. Mais où ? La nappe est en tissu ; écrire sur ma main, ça fait *too much* ; sur mon front, c'est difficile et pas discret… Ah ! La solution : mon téléphone portable. Seul problème, il est dans le sac de ma femme (il pèse environ quatre kilos donc je m'en sépare dès que possible). Tentons une approche…

– *(yeux de cocker time)* J'peux avoir mon téléphone, diiiiiis ?

– Rah nan mais pas ce soir, hein.

– Alleeeeez, j'dois vérifier un truc.

– *(gonflée, elle me passe mon tél)* Rah, mais t'es obligé d'envoyer un SMS ce soir ? Laisse tes amantes[13] tranquilles.

– *(l'air songeur)* Aaaah oui, des amantes, tiens, je n'y avais point pensé ! Faudrait que je note ça dans mes trucs à faire : « trouver des amantes ».

---

[13] Vous noterez que ma femme a une très haute estime de son homme : non, je n'ai pas UNE amante potentielle, mais plusieurs. C'est ça, la classe, mon p'tit monsieur.

– *(à la Brigitte*[14]*, avec un petit sourire)* T'as pas l'temps pour ça, de toute façon.

– HAHAIIAHA.

Mon sentiment sur la chose ? On a toujours le temps pour ce genre de choses. Nan mais.

---

[14] Brigitte, c'est ma belle-maman.

24 mai 2008
Frustrée de l'aspirateur

Elle est obligée de rester assise. Un vrai supplice pour l'hyperactive qu'Elle est. Donc je suis obligé de sévir et de rappeler quelques règles essentielles avant de partir au boulot.

– *(sur le ton Mein General)* Alors tu ne bouges pas, hein. Si t'as besoin d'un truc avant que je parte, dis-le-moi tout de suite, je te l'apporte avant de décoller.

– J'te promets, je vais pas bouger.

– Sûre ?

– Oui. *(avec un air déçu)* Et même que je passerai pas l'aspirateur là-bas dans le coin, où les ouvriers ont fait plein de poussière alors que j'en ai vachement envie, parce que c'est cracra quand même.

– ... T'es une grande malade, t'es au courant ?

– *(sourire angélique)* Oui.

Me vient un proverbe à l'esprit, de ma composition : « Femme qui veut passer l'aspiro, moral au plus haut. »

26 mai 2008
Égoïste de l'anniv

Je vous dresse le tableau : le nain de jardin number 2 est censé arriver le 1er août. S'il est aussi ponctuel que sa frangine, ça sera donc le 1er. Pas la veille, ni le lendemain, non. Le 1er et pis c'est tout.

Cependant, si on part du principe qu'il peut se pointer une quinzaine de jours auparavant, il y a des chances pour que le rejeton deuxième du nom arrive… le 15 juillet, le jour de la naissance de sa mère. De ma femme, quoi. Je lance le sujet, histoire de voir c'que cette hypothèse soulève comme réaction.

– *(tout enthousiaste)* Oh mais t'imagines, s'il arrive disons… quinze jours avant, il pourrait naître le 15 juillet !

– AH NON. Je garde mon anniv' pour moi. Pas question de le partager.

– Ah ué ? Moi j'trouverais ça cool de fêter mon anniv en même temps qu'un de mes mioches.

– NON c'est mon mien. Déjà que Biiiip[15] a oublié mon anniv l'année de la naissance de Lyna.

– Ah ué, c'est vrai ça.

– Tu te souviens ? Elle s'était pointée le 15 juillet à la maison. J'pensais qu'elle venait pour mon anniv' et en fait, elle venait filer des fringues qu'elle avait trouvées pour Lyna dans une braderie. J'étais DEG.

– … Bah oui mais bon, ta fille est tellement belle…

– Non et puis déjà que je vais être cernée par mes enfants, la première le 30 juin, l'autre le 1er août et moi au milieu… ça va être gonflant, ça.

Je l'adore pour ça : parfois Elle s'enflamme pour des trucs complètement débiles. Mais ça a une vraie signification pour Elle, hein. Sisi.

---

[15] L'anonymat de Biiiip est sain et sauf.

27 mai 2008

Une banane dans ta tronche

Conversation MSN avec un pote tout à l'heure.

Biiiip dit : Drôle de vie quand même. Y a des fois, j'me fais un peu penser à la blonde de *Scary Movie.*

Fab dit : Y doit me manquer une référence ou j'ai pas pigé ?

Biiiip dit : Celle qui, poursuivie par un tueur, passe devant un meuble où y a un flingue, un lance-flamme, une grenade, une hache... et une banane et elle prend la banane, cette connasse. Moralité : c'est un peu nous avec nos choix : on nous propose sex, drogue et rock'n'roll d'un côté et monogamie, pleurs et couches sales de l'autre et dis-moi pas c'qu'on fait !!!???

On choisit le moins pire des deux.

Ou pas. Va savoir.

28 mai 2008
Gimme some respect

Depuis que ma femme est assise-allongée dans son canapé, je redécouvre des choses que cette acharnée de l'hyperactivité m'avait épargnées ces dernières années. En vrac, faire à manger, mettre la table, débarrasser la table, monter les deux étages chercher ses affaires, oublier une partie de ses affaires en haut, remonter les chercher, faire chauffer le bib' de la fifille le matin, mettre la fifille sur le pot. En bref, veiller à ce qu'Elle ne manque de rien et à ce que tout roule à peu près dans la baraque.

Et... je ne sais pas si vous avez déjà eu cette fantastique opportunité, mais ça me rappelle un peu ce séjour dans un 4 étoiles à Québec lors de notre voyage de noces : au début de la semaine, on avait honte de faire porter nos valises par les bagagistes. Et, va savoir par quel miracle, vers la fin, on était presque à les fouetter parce qu'ils n'arrivaient pas dans les trois secondes après qu'on ait claqué des doigts.

On appelle ça « s'habituer à avoir le cul dans le cuir ». Sisi. Oui, toute hyperactive qu'Elle est, Elle s'est faite assez rapidement à ce luxe d'avoir un charmant jeune homme prêt à accomplir le moindre de ses désidératas.

– Tu peux aller chercher les serviettes et les couverts ?

– Ouiiii !

– *(je reviens avec les couverts)* ... et voilààààà.

– Et les serviettes, *(Brigitte time)* **J'AI DIT**.

– *(Arrêt. Net. Check complet de la situation. Suis-je un homme qui essaie de faire en sorte que sa femme ponde notre bébé dans les meilleures conditions ? Oui. Suis-je pourtant une sorte de brelle à qui on parle comme à une merde ? Non. Ok. Check terminé -> Regard noir enclenché)* Eeeeeuuuh... tu peux répéter ?

– *(Regard noir efficace, la femme sort sa petite voix innocente)* Je disais que tu avais oublié les serviettes.

– Je les amène. Je t'amène tout ce que tu veux, mais tu me parles BIEN. Ok ?

– Ué, je sais, j'suis désolée.

Non mais.

J'ai d'ailleurs adopté depuis bien longtemps – mais sans le savoir – la même technique avec la Grande. Demandez-lui « c'est qui l'patron ? », elle répond correctement à tous les coups. J'en profite, il me reste un an ou deux tranquille sur mon piédestal avant d'être évincé définitivement.

29 mai 2008

Entraînement intensif

Depuis qu'elle a vu son cousin Nils, la fifille a clairement pigé qu'une petite crotte qui bave, qui braille, qui chie et qui roupille (« Il fait quoi, Nils ?... » « Il dort », répond-elle) allait venir perturber son quotidien paisible d'ici pas très longtemps. Alors elle s'entraîne, histoire sans doute de trouver une place.

Depuis quelques semaines, elle a donc sorti ses poupées. Elle en a deux, qu'on lui a offertes il y a un moment et auxquelles elle n'avait jamais vraiment touché. Et là, ses deux poupées la suivent partout. Elle leur donne le bib', elles ont remplacé les crayons dans sa poussette (oui, ma fille balade des crayons dans sa poussette... mais si, les crayons ont besoin de prendre l'air, parfois, sisi) et quand on quitte la maison, elle les met dans sa valisette à roulettes, avec son rat de Ratatouille qui dit « bon appétit ! ». Tu me diras, c'est pratique, la valisette à roulettes, ça prend peu de place par rapport à la nasselle-landau-bidule-à-800-euros.

Je ne sais pas si les parents de p'tits mecs ont perçu la chose – et même si je pense qu'au fond, elle le fait pour son propre salut (style « va bien falloir que j'existe au milieu de tout ce bin's ») – c'est quand même complètement dingue cette préparation à la venue du bébé.

Bon, tu me diras, c'est des poupées qu'on lui a offertes, pas des GI Joe, et rien que ça, ça conditionne sans doute beaucoup.

« Et ils s'appellent comment tes bébés ? » « Bouba… et Cali. » Bouba parce que ma mère lui a montré un DVD du cultissime dessin animé et Cali parce qu'elle aime son CD live.

Ma fille est éclectique et ça, ça me plaît.

30 mai 2008
Troisième écho. The last, but not least

Hier, c'était ma dernière échographie de ma carrière de Futur Papa. Ça fait un p'tit pincement au cœur, mais en fait, pas tant que ça, parce que si j'étais déjà saoulé vers la fin lors de la première grossesse, ici, c'est un peu pareil.

La dernière écho, c'est nul : le lardon est tellement « gros » (tout est relatif) qu'on voit juste un bout de pied, un morceau de lèvre... et c'est tout. Finie la sympathique vue d'ensemble de la première écho, maintenant on s'attarde sur une oreille. Trop fun.

Et puis en fait... j'ai rien vu. Mais RIEN DU TOUT. La toubib disait : « Alors là, vous avez une vue un peu en oblique sur son visage », et moi, j'avais beau tourner la tête pour essayer de saisir quelque chose, nada. « Oh et là, vous avez un globe oculaire. » OH MY GOD, oui ça y est, je distingue... Jar Jar Binks. En plus moche.

Nan, vraiment, j'ai rien capté.

« Alors là, on voit la main, qui est un peu pliée (où ça ?), ici, on voit son bras (elle montre avec son doigt sur l'écran, mais je ne distingue rien) et son humérus, il est collé contre le placenta, donc on le voit pas. » Ah ui, comme ça. Ben c'est un métier, radiologue-échographeuse ou j'sais pas quoi, et pis c'est tout.

Et donc, grand rituel, elle prend des mesures avec sa souris machin. Elle clique, elle fait des p'tits ronds et pouf, elle sort : « Le bébé fait 1,7 kilos. » C'est un poids acceptable pour ma belle (qui vit toujours sous le couperet d'accoucher demain, ou après-demain, des fois qu'Elle déciderait d'aller courir un p'tit marathon, tellement Elle a des fourmis dans les jambes après presque quinze jours de position assise-allongée).

Autre grande tradition : vous annoncer si les proportions de votre futur nain de jardin sont dans « la normale », ou pas. Sur ce point, on n'aura pas fait le voyage pour rien. Notre futur mioche a une tête dans les 10% les plus grosses et un abdomen dans les 20% les plus petits. Ué. Je la refais en plus simple pour ceux qui suivent pas, là-bas, au fond : une grosse tête, un p'tit corps.

Vous connaissez Cortex, de Minus et Cortex ? La souris qui veut conquérir le monde. Ben c'est notre p'tit deuxième. Dans la série « démarrons bien dans la vie », y'a pas beaucoup mieux.

Juin

02 juin 2008
Vrouuuum

Le SEUL truc positif que je distingue à toute cette histoire d'arrêt de travail-repos-forcé-utérus en alerte maximale, c'est que je peux claquer les lunettes de soleil, ouvrir la fenêtre, laisser dépasser le coude comme un kék, pousser un bon coup de Kooks à fond, le tout au volant de la groooosse et toute neuve et rutilante voiture de ma femme.

Et quand on me dit « Waw, mais t'as changé de voiture !!! », je prends toujours un malin plaisir à répondre que c'est pas la mienne, c'est celle de ma femme.

On s'console avec c'qu'on peut, hein.

04 juin 2008
Pression (à peine) dissimulée

Moi j'aime pas aller dormir tôt. Et ma femme, Elle aime bien aller dormir tôt. Problème de couple en vue. Quand on s'est connus, Elle était du genre poule. Après 22 heures, c'était morne plaine, y'avait plus personne. Année après année, je lui ai grapillé dix minutes par-ci, dix minutes par-là et aujourd'hui, Elle arrive à tenir jusque 23 heures 30, voire minuit. Magnifique.

Problème : ça reste toujours tôt pour le noctambule que je suis. Mais parfois, en bon mari que je suis, j'vais me « coucher tôt » – et donc avec Elle. Oui, je suis gentil, je sais.

Re-problème : apparemment, le fait de s'endormir dans mes bras la berce. Elle dort mieux quand je vais roupiller avec Elle. Cool. Et pas cool aussi.

– Raaah mais qu'est-ce que j'ai bien dormi hier.

– *(la sentant venir à trois kilomètres)* Ah ui ?

– Oui oui, je dors bien quand je m'endors avec toi.

– ...

– *(sourire de coquine)* Sans vouloir te mettre la pression, hein.

– *(la coquine)* Noooon, non bien sûr.

La femme est fourbe.

Toi-même, tu sais.

06 juin 2008
« Femme enceinte, sors du corps de ma femme ! » (1)

Ça fait plusieurs jours qu'Elle me sort qu'Elle se transforme « en vraie femme enceinte », rapport à son arrêt-au repos-pas-bouger-coucouche-canapé, qui l'oblige à se poser le cul. Un peu. Faut dire que lors de sa première grossesse, Elle bourrinait tellement qu'Elle a rien senti passer (si tu as lu *Futur Papa* premier du nom, tu vois c'que je veux dire).

– Oh ben cet aprèm, j'ai découvert ce que c'est qu'une contraction !

– Gné ?

– *(toute excitée)* Ben oui, c'est trop bizarre, ça te contracte tout le haut de l'abdomen !

– Mais...

– Et puis ça dure un p'tit moment, hein, cinq secondes environ.

– ...

– *(super excitée)* J'te jure ça fait trop bizarre !

– Mais dis-moi...

– Ouiiii ?

– J'me trompe peut-être, mais t'as pas déjà été enceinte, toi ?

– Ben si si, mais ça, j'avais jamais calculé.

– Mais t'as forcément eu des contractions la première fois ?

– Ah bah ui, forcément, la sage-femme disait que j'en ai forcément eues.

– Et donc tu les sentais pas ?

– Ah nan nan nan.

– Mais ça doit faire bizarre, nan ?

– Je pensais que c'était des coups de pied.

– ... Des coups de pied qui durent cinq secondes ? Façon Chun-Li dans Street Fighter, avec de la lumière et tout qui sort des pieds du nain de jardin, c'est ça ?

– ... Oui oui, je sais...

Y'est jamais trop tard pour découvrir des trucs.

07 juin 2008
Futur Papa, pipi caca

Déjeuner avec celui qu'on surnommera Brice (pour respecter son anonymat), futur papa qui va prendre sa grosse grosse baffe d'ici la fin de l'année. Parlant de sa femme enceinte de quatre mois : « Et là, elle a le ventre qui s'arrondit, mais tout dans le bas. C'est comme si elle avait une grosse envie de faire pipi et une grosse envie de faire caca, mais en même temps. »

J'ai sorti mon téléphone, j'ai noté cette phrase culte, il n'a rien remarqué.

Je suis un peu jaloux, j'aurais aimé en être l'auteur.

08 juin 2008
L'angoisse du numéro 2

J'avais déjà ressenti ça, durant la première grossesse. Ces moments où vous avez l'impression que le plancher part en lambeaux sous vos pieds et que vous allez tomber pendant trois bonnes plombes avant de vous péter la nuque. Et cette question, la question qui tue : « Je vais donner quoi, comme père, moi ? », avec la trouille inhérente de faire peser vos doutes et vos carences sur l'aorte de vos mômes.

Aujourd'hui, cette question-là n'a certes pas disparu, mais elle est moins présente ; bientôt deux ans d'expérience, ça me donne une (toute) petite idée de la relation que je peux avoir avec ma fille.

Le p'tit flip du moment, c'est plutôt « et le p'tit deuxième dans tout ça, je fais comment pour qu'il aille bien ? ». Je suis un aîné, Elle est une aînée. Être deuxième, on sait pas c'que c'est. Et la blondinette à bouclettes dans tout ça ? Parce qu'y a bestiau quand même. Va-t-elle l'écrabouiller, l'étouffer ? Comment faire pour équilibrer la relation ?

Ça me chiffonne un peu, tout ça. J'y pense, en tout cas. Je me dis aussi que, peut-être qu'après tout, je me prends trop la tête et que ça vient tout naturellement. Mais à mon avis, c'est pas inutile du tout d'y réfléchir.

11 juin 2008
Et t'as Ribéry en brillante ?

Mon pote que j'ai surnommé Brice me raconte l'autre midi un truc tout à fait fascinant...

– Oh ué, faut que j'te raconte un truc...

– *(en train de siroter mon Coca)* Moui ?

– J'ai acheté... un album Panini Euro 2008 !

– *(convaincu d'avoir mal entendu)* Gné ?

– *(tout excité)* Oué, c'est trop fort !!! J'suis passé devant un peu par hasard et j'me suis dit « et pourquoi pas ? »... alors j'achète les vignettes et quel bonheur d'ouvrir mon p'tit paquet, de les sortir du paquet et de voir que j'ai des doubles et aussi des que j'ai pas enc...

– *(enthousiaste et consterné à la fois)* Et... Y'A ENCORE DES BRILLANTES ?

– *(en mode môme de six ans)* Ué, trop fort, y'a des joueurs en action en brillantes et tout !

– Waw. Mais et tes doubles, tu fais comment ?

– Ah bah c'est là que ça se complique.

– ...?

– Bah comme y'a personne autour de moi qui fait la collec'...

– ... j'imagine...

– *(tout honteux)* ... j'échange mes doubles avec le fils d'une collègue, qui a sept ans.

– *(vraiment consterné)* Ah ué quand même.

Et là, il m'explique qu'avant ça, il avait peur de se faire un peu chier en « étant obligé » de partager des trucs avec son fils – si jamais il a un fils. Et que cet album lui a permis de se rendre compte qu'au contraire, ça sera sans doute lui le plus excité des deux.

Tu m'étonnes.

J'ai tenté de me souvenir si j'avais fait un truc à ce point régressif pendant mes deux grossesses (oui, c'est les miennes aussi, un peu). Je vois pas. À part la console, peut-être. Mais bon, c'est un truc de grand, ça.

...

Non ?

Et si y'a des futurs papas qui me lisent et qui ont ressorti les Playmobils pendant la grossesse de leur femme, faites-moi signe, ça m'intéresse.

13 juin 2008

« Femme enceinte, sors du corps de ma femme ! » (2)

Entre deux préparations de compromis, deux arrangements avec des notaires, Elle fait des tas de trucs dont le seul but est de... passer le temps.

- Elle roupille dès qu'Elle a un coup de barre (inédit chez Elle !)

Quand Elle était encore une FEA (Femme Enceinte Active), son seul instant de sieste se situait le samedi midi, entre 13 heures et 14 heures 30, avant de repartir bosser. Avec ronflement offert par la maison, bien sûr. C'est cadeau. Maintenant, Elle ronfle et s'assoupit dès qu'Elle a un moment. Et le matin, Elle trouve encore le moyen de me dire qu'Elle a mal dormi cette nuit. HAHA. Mais JE SAIS que c'est une vile technique pour obtenir un massage du dos.

- Elle flâne sur internet

Elle passe DES HEURES à choisir le futur grand lit de l'aînée. DES HEURES, sans rire. Oh, Elle ferait moins la maligne dans un (vrai) magasin Ikéa, à arpenter les dizaines de kilomètres de couloirs (ils devraient y penser chez Ikéa, à louer des p'tites voitures pour les femmes enceintes. Comme pour les enfants, mais en plus large), mais là, sur internet, le cul posé sur le *capané*[16], Elle est à la cool pour analyser chaque détail de la couche de sa fille. Un lit en fer, pas en fer, en bois, évolutif, pas évolutif, avec quels motifs de couette, Charlotte aux Fraises ou une Princesse ? (Non pas Dora. NON).

Monsieur le Directeur Marketing de la Redoute, voici un conseil (c'est cadeau) : achète les bases de données de Pampers et envoie des tas d'emails promotionnels aux femmes enceintes après six mois de grossesse. Ça *pourrait* marcher.

- Elle reçoit ses copines pour le goûter

C'est simple, ça se passe comme ça : elle me fait signe sur MSN « Y'a Copine qui arrive ! » Deux heures plus tard : « Hé ben c'était bien, on a bien discuté ! » Tu m'étonnes. Il faut préciser que Copine est enceinte. Et qu'Elle a deux ou trois autres copines enceintes, donc Elles organisent un roulement. Y a-t-il émulation entre elles ? Ça pourrait donner ça…

– Rahlala, qu'est-ce que je peux roupiller, moi. Une heure trente par aprèm.

[16] Signe de parents gagas de leur fifille, qui adoptent avec fierté les p'tites dyslexies de leur rejeton. Mais pas devant ledit rejeton, juste entre eux. Gagas, mais pas concons. Nuance.

– Une heure trente ? P'tite joueuse. Moi quand je suis en forme, j'atteins sans souci les deux heures trente de sieston.

– Ah ué ? Mais moi, je me lève de mon canapé juste pour aller pisser.

– Rah carrément. T'es trop forte. Et ton ronflement, au niveau décibels, ça donne quoi pour toi ?...

... Je peux pas m'empêcher de me poser la question.

- Elle bouquiiiiine (à toute vitesse)

Tiens, voilà un truc qu'Elle fait aussi vite qu'avant. Moi, je lis lentement, je me pose, je réfléchis, je rêve un peu à ce que l'auteur voulait dire, je goûte chaque mot. Lire est un immense plaisir mais me prend un temps fou (que je n'ai pas, pour l'instant). Par contre, Elle gloutonne. Glurps. Burp. On reçoit des tas de bouquins à chroniquer sur madmoiZelle.com. Et Elle avale dans l'aprèm les bouquins qu'on reçoit le midi même.

- Elle en est à la page 87 de viedemerde.fr.

Mais siii, ce fameux site où les gens racontent des anecdotes de la lose. Je lui ai fait découvrir l'autre soir et depuis, Elle parcourt les pages frénétiquement, remontant petit à petit aux origines de viedemerde.fr, vers des endroits inconnus de 99,99% des internautes dans le monde, des VDM uniquement lues par les fondateurs auparavant. Leurs premières VDM postées pour tester le site.

Ma femme enceinte est une exploratrice en WiFi, une Indiana Jones du surf sur sofa. J'ai eu beau lui expliquer que viedemerde.fr, c'était un truc que tu prenais en route, dont tu te délectais un peu chaque matin, histoire de rire du malheur des autres. Que nenni. Elle va TOUT lire. Parce qu'il faut passer le temps.

Le pire dans tout ça, c'est que j'ai encore des tas de sites inutiles chronophages à lui faire découvrir. Je lui ai dit qu'Elle pouvait rester encore neuf mois enceinte, que j'aurai toujours des trucs débiles pour Elle.

Mais Elle veut pas, Elle veut pondre Cortex (qui est remuant, d'ailleurs). Ça tombe bien, moi aussi j'ai hâte.

23 juin 2008

Sous la pédale

– Allô, cabinet du docteur spécialiste des futurs papas, j'écoute.

– Bonjour Docteur, c'est Futur Papa deuxième du nom à l'appareil. On s'était eus en ligne il y a...

– Ah ouiii vous revoilà ! Rohlala mais qu'est-ce que j'adooooore lire votre blog ! Faut dire que j'ai lu le livre et j'étais fier comme Archibald de voir que j'étais cité dedans !

– ...

– D'ailleurs, qu'est-ce que vous branlez, là, crénom d'un pokémon ? Ça fait une semaine passée que vous n'avez rien posté !

– Ben justement, Docteur.

– Mais qu'est-ce qu'y a encore ? Ça y est, on fait sa diva ? On s'la joue auteur maudit ?

– «Auteur ». Au s'cours. C'est pas ça. C'est que j'en ai des choses à dire, mais pas de temps pour écrire.

– Pas de temps ? PAS DE TEMPS ? Et... tu permets qu'on se tutoie... Comment tu faisais y'a deux ans, quand t'étais tout seul à la tête de ton p'tit site, à bosser vingt heures par jour ?

– J'écrivais... vite.

– Certes, mais surtout, tu écrivais...

– ... Oui, je sais. La nuit.

– Et tu fais quoi, en ce moment, la nuit ?

– Je dors.

– Tu dors... ou t'as plus le courage d'écrire ?

– ... Les deux, j'pense.

– Mais y faut pas penser, camarade. Y faut jeter tes tripes sur ton clavier, c'est tout. C'est que j'attends la suite de ton histoire, moi !

– C'est bien ça le problème.

– Oh ben on fait son timide, maintenant ?

– ...

– Ého, mon garçon, quand on commence un strip-tease intégral, on s'arrête pas à la moitié. On va jusqu'au bout. À poual, et pis c'est tout.

– Facile à dire....

– Meuh, fais pas ta mijorée ! Vazy envoie tout c'que t'as... J'ai un peu l'impression que t'en gardes sous la pédale.

– ...

– Ah... je sens que j'ai mis dans le mille ! C'est ça, hein ? On raconte pas tout ? Roh le petit cachottier !

– Meuh c'est plus compliqué que ça... Des trucs à raconter, j'en ai plein. Des trucs drôles, des trucs moins drôles, des trucs carrément pas marrants... Mais y'a le p'tit deuxième.

– Aaaah le p'tit deuxième !... Je rêve ou sous tes apparences de « je maîtrise à mort le FuturPa-Fu », t'as bien plus les chtouilles que la première fois ?

– C'est pas faux. J'y tiens, à mon p'tit deuxième.

– Rah... mais pourquoi t'en fais toute une histoire ? Tant mieux, non ? La première fois comme-ci, la seconde fois différemment. Ca fait pas d'mal, un peu de folklo, non ?

– Si vous l'dites, Docteur. J'veux bien vous croire.

24 juin 2008

ALERTE !

Les pieds-poteaux de rugby sont de retour !!!

Pour le plus grand plaisir de... personne en fait.

Et comme une bonne nouvelle n'arrive jamais seule...

Bientôt sur vos écrans, le blockbuster de cet été : *la Démarche de l'Empereur.*

(... Mais si ! Le manchot ! La démarche de pingouin... Mais siii, tu sais, les femmes enceintes vers la fin du calvaire, elles ont TOUTES cette démarche un peu bizarre, façon pingouin. Rah, mais siii, faites un effort d'imagination...)

Petite page de pub : pour plus d'infos et surtout l'histoire complète des pieds-poteaux de rugby, lisez Futur Papa, *tome premier, un livre qu'il est bien à lire quand on attend un nain de jardin. En couple, ou solitairement.*

Beh oui, faites un effort. J'vais pas non plus tout vous re-raconter à chaque fois, hein.

25 juin 2008
« Sexe et grossesse : tout est possible ! »... Ou presque

Tout à l'heure, je vois à la une de aufeminin.com un magnifique article « Sexe et grossesse : tout est possible ! ».

Oh ben tiens, en voilà une nouvelle ! Tout guilleret, le gars, parce qu'effectivement, depuis l'arrêt forcé, le sexe à la maison, c'est plus trop ça. C'est même plus ça du tout. Rapport au col ouvert, tout ça et je vous passe les détails croustillants.

Malgré tout, avant d'envoyer le lien à « Maman » *(à dire avec l'accent de Chirac dans les Guignols)* en lui criant un « VAZY TAVU C'EST POSSIBLEEEE ! », j'y jette tout de même un oeil attentif et dresse une petite liste.

- « Peur de blesser bébé » *:* Fait. Pas assez prétentieux pour ça.
- « Peur que mon *péni* transperce la poche des eaux » : même Rocco il y arrive pas.
- « Explosion hormonale » : ça, c'est fait.

• « Le père qui se demande quelle place il aura après le bébé » : FAIT, RÉGLÉ. Depuis longtemps.

• « Oubliez le missionnaire dès le deuxième trimestre » : OK.

• « Petite baisse de régime au troisième trimestre » : CHECK.

Bon bah tout a l'air OK... mais par contre, où parle-t-on de la résolution de notre problème du moment à tous les deux ?

Ah voilà. Page 10 et quelque :

DANS QUEL CAS S'ABSTENIR ?

S'il y a un risque d'accouchement prématuré dû aux antécédents familiaux ou si le col de l'utérus est déjà raccourci et aminci. Dans ce cas, les prostaglandines contenues dans le sperme ne feraient qu'accélérer la dilatation et la maturation du col. C'est pour cette raison que celles qui veulent accélérer la naissance utilisent parfois la « méthode italienne » : faire l'amour pour déclencher l'accouchement !

Eh ben oui. Et c'est bien la nuance : *« dans quel cas s'abstenir ? »*, ça veut dire que non, *« tout est PAS possible »*.

Bon, c'est un détail, certes et j'm'en tape si je passe pour le mec désespéré.

Mais Tina et Élodie, vous qui avez écrit l'article, sachez un truc : après un mois et demi d'abstinence, c'est effectivement sur ce genre de détails que repose tout l'Espoir d'un homme en quête d'un rapport sexuel conjugal.

Donc j'ai remballé mon mail, mon lien et plutôt que de lui envoyer un message pour prendre rendez-vous pour un plan cochon, je vais raconter cette petite anecdote sympathique ce soir à ma femme. La joie, puis la déception. Le tout en rigolant, bien sûr.

...

...

Et dire qu'il y a deux ans, on faisait du *seske* comme des castors pour qu'Elle accouche plus vite. Ils le disent dedans l'article : *la méthode italienne*.

Les grossesses se suivent mais ne se ressemblent guère.

27 juin 2008

Une p'tite piqûre pour le Futur Papa ?

Elle avait rendez-vous avec l'anesthésiste cet après-midi. Alors, toi, le Futur Papa naïf et candide, je t'explique : « rendez-vous avec anesthésiste » rime avec « bordel de merde, ça va pas tarder à arriver ».

Et donc ce soir, Elle me dit : « Oh ben j'aurai droit à la pompe-doseuse. » C'est con, mais cette simple phrase m'a renvoyé presque pile poil deux ans en arrière (fifille aura deux ans lundi) et mon cerveau a ordonné sur-le-champ à mon corps : « Envoyez les jambes en coton et la ptite goutte de sueur sur le front. »[17]

Alors oui, je suis pressé (plus que jamais) que cette grossesse se termine, mais je suis beaucoup moins excité à l'idée de ~~tenir~~ me faire broyer la main lors de l'accouchement.

Je n'ai jamais relu *Futur Papa*. JAMAIS. Sauf... le dernier « épisode », celui de l'accouchement. **Impossible** de le terminer sans pleurer toutes les larmes de mon corps. C'est physique, c'est plus fort que moi, ça me renvoie à des trucs trop violents, un extraordinaire mélange de joie

[17] Sauras-tu retrouver la subtile référence ?

et de douleur, une sensation inédite pour moi jusqu'à ce moment-là et que je n'ai pas (encore) revécue depuis.

La première fois, j'appréhendais... plutôt par ignorance : je flippais sur les trucs pratiques, sur l'environnement, les odeurs, les couleurs, le déroulement...

Autant de trucs que je maîtrise aujourd'hui plutôt bien. Et qui font que cet accouchement (qui va arriver, tôt ou tard) me titille d'autant plus : je gère déjà les inconnues sur lesquels je focalisais la première fois. Donc j'invente de nouvelles trouilles : et s'il y avait des complications ? Et si ça se passait mal ?

Dans l'idéal, je voudrais qu'il se passe aussi « bien » – entre guillemets, parce que je sais d'ores et déjà que je vais encore souffrir le martyre de douleur par procuration pour ma belle, que je vais en prendre plein la gueule à peu près aussi violemment que la première fois, *mais tout sera bien qui finira bien*.

Et pour autant, je ne peux pas m'en empêcher : comme cette grossesse a été bien moins *groovy* que la première, je me dis, loin, très loin, qu'il y a une probabilité pour que ça se passe moins bien que pour la grande. Une probabilité infime, certes, parce qu'on a tous les deux des tempéraments plutôt positifs et optimistes. Mais quand même, c'est là, quelque part, au fond.

Bordel.

La pompe-doseuse, quoi.

29 juin 2008
She's back

Cet aprèm, j'ai eu l'impression de retrouver ma femme de la première grossesse. Joyeuse, enjouée, souriante, attentive, Elle m'a dit il y a quelques jours « je vais arrêter de m'écouter ». Ça m'a fait plaisir. Parce que ça, c'est ma femme : une nana qui, par son attitude ultra-positive au quotidien, me pousse vers l'avant.

Et qui sait être là quand Elle sent que j'ai besoin d'Elle.

Ces dernières semaines, j'avais besoin d'Elle, de l'ancienne Elle, de celle que j'avais connue ces treize dernières années. Mais Elle n'était pas vraiment au rendez-vous, trop occupée à couver. La faute à sa condition un peu particulière, je me disais, tout en serrant super fort les fesses pour qu'Elle redevienne « normale » d'ici quelques mois.

Au final, cette dernière grossesse a été tellement différente de la première qu'elle aura fini par être instructive et riche sur plein de points. Je dis ça aujourd'hui, hein, avec le début de recul que j'ai.

Il va falloir en prendre encore un peu beaucoup pour dresser un bilan complètement objectif sur ces neuf mois un peu « hors du temps » dans notre relation.

Et de mon côté, je vais remplir le dossier « Photos de ma femme enceinte » dans ma mémoire. Parce que c'est la dernière fois... et que, me connaissant, je pourrais bien avoir des périodes nostalgiques de ce joli ventre rond dans quelques années.

30 juin 2008

Bon anniv fifille

Dans 3/4 d'heure, il y a deux ans, je me prenais une immense tarte. La plus grosse de mon existence (jusqu'à dans pas longtemps ?) et sans doute la plus belle.

Juillet

05 juillet 2008
Dur dur d'être un aîné

Si la fifille gère plutôt bien l'arrivée de son p'tit frère / de sa p'tite sœur « en apparence », elle est aussi en train de choper une paire de boules, doucement mais sûrement, à l'idée de devoir partager ses parents. Normal, en même temps.

Je suis pas pédopsychiatre, mais c'est pour elle sans aucun doute un vrai traumatisme – qui se confirmera plus tard ou pas, selon notre attitude envers elle durant cette période.

Petit florilège des trucs qui changent en ce moment dans sa vie, et qui sont autant de grandes tartes dans sa tronche, l'air de rien.

• L'idée même de partager ses parents. Hier, grosse crise : la maman du p'tit gars qu'elle traumatise et qui partage ses journées chez sa nounou était en train d'accoucher. Quand ma femme est arrivée pour chercher la fifille, le môme, visiblement marqué par le fait que ses parents ne soient pas encore venus le chercher, s'est empressé d'aller lui faire un câlin (c'était une première, comme quoi, y'a pas que notre fille que ça traumatise).

Ça a tué fifille, de voir qu'un autre pouvait recevoir un câlinou de la part de sa mère. Depuis, elle n'arrête pas de répéter, en nous montrant, « c'est à Lyna, ça », comme si elle parlait de ses peluches ou ses puzzles.

• Pour la préparer à tout ça, sa mère lui a expliqué qu'Elle devrait bientôt partir quelques jours à la maternité et qu'Elle reviendrait avec son petit frère ou sa petite sœur.

Une transparence, qui, si elle sera – on l'espère – payante à terme, est un peu dure à gérer pour elle : depuis, dès que sa mère quitte les parages, la fifille s'inquiète. On a beau lui dire qu'Elle est partie travailler (« à l'azence ? » demande-t-elle), ça ne passe pas.

• L'arrivée de son « lit de grande », le transfert de son ancien lit, de ses anciens jouets, de ses anciennes affaires vers sa première chambre. Même si elle est vide, elle y retourne au moins une fois par jour, pointe du doigt ses hochets et dit « c'est à Lyna, ça ».

Heureusement, tout ça concordera plutôt bien avec l'école, son nouveau statut de « grande »... Ça devrait bien se passer, si on déconne pas trop.

La période est tendue de la culotte pour elle, si bien qu'elle nous fait une p'tite crise d'eczéma sur les cuisses et les bras... si ma mère tenait un blog, elle écrirait « ah bah c'est bien la fille de mon fils ! ». Hé ouais, la génétique ne pardonne pas : dès que j'ai un coup de stress, paf, livraison gratuite d'eczéma pour moi.

J'espère juste un truc : qu'elle ne flinguera pas ses cheveux comme son père :]

06 juillet 2008
Photographies

Tout à l'heure, on regardait le Main Square Festival sur France 4. Y'avait les Kooks (vazy j'l'ai vu en vrai) qui passaient à l'image et son ventre, qu'Elle avait dénudé pour s'allonger et se détendre, qui faisait des vagues. « En tout cas, y'en a un qui apprécie la musique », qu'Elle me dit.

Je ne lui ai pas répondu, trop occupé à photographier mentalement ces images.

Ouép, ce sont les dernières semaines de ma carrière de Futur Papa – et waw, que cette période de ma vie aura été fertile (pouet) pour moi – alors je vais profiter, à fond.

D'ailleurs, j'ai commencé direct : j'me suis moqué quand Elle a voulu se redresser avec toute la grâce et la légèreté d'une femme enceinte de huit mois...

06 juillet 2008

Demain, mon dernier jour en tant que Futur Papa. Ou pas

Tel que vous me voyez là, « si ça tombe », demain, j'suis re-papa. Bon d'un autre côté, la date de péremption du fœtus approche, donc forcément, ça va finir par arriver.

– Et blablabli et blablabla...

– *(sereinement)* Ah au fait, j'ai préparé mon sac pour demain.

– Et blablablu et blablabla...

– *(un peu moins sereinement)* T'as entendu ?

– Et blublublu...

– *(bien moins sereinement)* J'te dis que j'ai préparé mon sac pour demain, et toi, tu calcules rien.

– Et blabla... quoi ? Ton sac ? Demain ?... Tu vas faire un petit *chogging* ? *(blague suivie de rigolade façon Diabolo)*

– Oui, j'ai rendez-vous à l'hôpital à 16 heures. Et comme je me suis remis à bouger, ça s'ra peut-être le moment.

– *(putain mais j'suis pas prêt)* Ah donc, demain, si ça tombe, c'est la tarte dans la tronche ?

– C'est ça. T'es là demain après 16 heures ?

– Eeeeeuh ui ui ui.

Putain et on n'a toujours pas de prénom. Fuck.

...

Fuck ?

...

... Nan. Trop connoté.

07 juillet 2008
Fausse alerte

Dreliiiing, dreliiiiing fait le téléphone. Tendu comme un string depuis le début de l'aprèm, Futur Papa déglutit un coup, puis décroche. Il sait que l'heure de la grosse baffe, saison 2, est sur le point de lui atterrir en pleine tronche. Et si tu t'es un jour retrouvé dans la situation de Barney Stinson[18], tu sais qu'il est plus facile de te prendre une tarte comme ça, à l'improviste sur un malentendu, plutôt que de savoir qu'elle va arriver.

– Ils me laissent rentrer à la maison.

Re-glups. Reculer pour mieux sauter, la baffe n'est pas pour tout de suite.

– Par contre, le col est ouvert à 2, ça ne saurait tarder. La sage-femme m'a dit de me calmer un peu, histoire de tenir encore une bonne semaine.

– ...

– Selon elle, ça n'ira pas jusqu'au 1er, vu l'avancée de l'ouverture du col.

[18] *How I Met Your Mother*, saison 2 et 3

– …

– Allô ?

– …

– Je t'entends pas beaucoup parler.

– C'est que j'fais pas le fiérot depuis le début de l'aprèm, c'est tout.

Et dire que le 30 juin 2006, j'accompagnais ma femme tranquillement, les doigts de pied en éventail, sans savoir que dix heures plus tard, j'allais ramasser une grande tarte, la plus maousse de mon existence.

Rendez-vous dans une semaine. Ou p'tet avant.

Maintenant, trouver un prénom.

Enfin, deux.

08 juillet 2008

Transparent

Il y a des textes qu'on jette sur le clavier et sur l'écran, comme la plupart de ceux que je poste ici. Et pour d'autres, la grande minorité, je ressens un besoin vital de les mûrir avant d'écrire.

Le dernier post du premier blog, celui de l'accouchement. Quatre jours de gestation. Trente minutes d'écriture. Avant ces quatre jours, c'était impossible. Physiquement, je n'y arrivais pas.

Ce post-ci a été sans doute aussi dur à accoucher (haha) : *ceci est mes tripes, qui vont être répandues pour une multitude.* Du moins, j'espère.

L'autre jour, un bon pote – qui se reconnaîtra – vient me voir en me disant « j'ai lu tout *Futur Papa 2*, et en terminant, j'ai cherché l'arrivée de gaz ». À ce point-là ? « Bah on sent que derrière la capacité que tu as à tout rendre positif, t'en chies pas mal, quand même ».

Merde, démasqué.

Oui, cette grossesse n'est pas *funky*. Bien moins drôle que la précédente. Un autre ami m'avait prévenu : « Fais gaffe, la deuxième grossesse, y'a danger. » Une dernière – une p'tite deuxième dans sa fratrie – me disait que son père lui avait toujours dit que les emmerdes avec sa mère avaient commencé lors de sa gestation. Transparent, le gars.

De là à dire que le p'tit deuxième ressent dès le ventre de sa môman que c'est bien moins drôle que la première fois, il n'y a qu'un pas, que je ne franchirai point.

Avec le recul, c'est évident : la première fois, c'est magique, on découvre les choses de la grossesse, on se (re)découvre aussi au sein du couple, on s'invente aussi en tant que futurs parents. On pose des bases, essentielles pour la suite.

La deuxième est moins *groovy*. Un air de déjà-vu, même si elle n'a rien à voir avec la première. Pas de landau à huit cents euros à acheter, pas de chambre de bébé à confectionner (pas pour nous, en tout cas), pas de surprise liée au soutien-gorge gilet pare-balles etc etc. Quelques nouveautés, certes, mais c'est tout.

Et puis il y a l'aînée à gérer dans le même temps. Autant d'énergie, d'attention qu'on ne consacre pas à l'autre.

Et je suis le premier coupable, bien moins attentif à ma femme depuis le début de la grossesse. Je sais aussi que j'ai ma part de responsabilité dans son arrêt forcé. Je ne lui ai que trop rarement proposé spontanément mon aide, je n'étais pas assez *aware* sur les risques qu'elle prenait, bien plus préoccupé par mon boulot qu'en 2006 – et Elle, grande Seigneure qu'Elle est, a voulu respecter ça. C'est pour ça que je l'aime, ma femme.

Et bien sûr, ce manque d'attention a forcément déclenché des comportements réciproques chez Elle.

Il y a quinze jours, un truc étrange s'est passé. Pour la première fois depuis la naissance de Lyna, j'ai eu l'impression d'être totalement transparent. En rentrant du boulot, je vais chercher la fifille chez la nounou, je la sors de la voiture. Ma chère et tendre va vers sa fille, la papouille, la bisouille, la câline, prend de ses nouvelles, lui propose un verre, qu'Elle va lui servir dans la cuisine, discute un peu avec elle... Et pendant ce temps-là, je regardais la scène, un peu interloqué. Voilà, c'était fait, je n'existais plus.

Il a fallu cinq minutes avant qu'elle m'adresse le moindre regard et me demande « ça va ? »

C'est long, cinq minutes, surtout quand on se rend compte en un clin d'œil de la situation, qu'on laisse faire, histoire de voir jusqu'où tout ça va aller.

À ce moment-là, j'avais deux choix : faire comme si ces cinq minutes fantomatiques n'avaient pas d'importance et laisser couler – la solution de facilité. Ou bien affronter le problème et le lui faire remarquer.

J'ai bien sûr opté pour la deuxième solution, en bon *warrior* de la relation de couple que je suis. Ça lui a fait bizarre, ça nous a permis de remettre pas mal de choses à plat dans notre fonctionnement depuis sept-huit mois. Ça l'a aussi décidée à moins « s'écouter » et à bouger un peu plus – et à me soulager dans les tâches quotidiennes. Ce qui, avec le recul, m'a fait un bien fou.

En treize ans, on a vécu – si j'ai bon souvenir – cinq ou six carrefours primordiaux, qui, selon le chemin emprunté, l'attitude adoptée, changeaient complètement la nature de notre relation. On en a toujours discuté, on les a toujours plutôt bien gérés – la preuve, on en est là aujourd'hui.

Ce moment-là était l'un de ces carrefours, je pense. Un choix simple : « j'existe encore au sein de la famille ? » ou bien « je m'exclus moi-même du mouvement ? », qui métamorphosait en partie mon rôle de père pour les années à venir. Je pense.

Pour l'instant, je veux encore exister.

J'appréhende juste le jour où je n'aurai plus la patate pour d'abord discerner/décrypter la situation sur le moment, puis interpeller ma blonde pour pointer du doigt le truc qui me chiffonne...

09 juillet 2008
Nippon, ni mauvais...

... (pouet)

À quoi reconnaît-on une femme perdue dans sa quête d'un prénom, acculée dans sa recherche par un col trop pressé de s'ouvrir ?... Trouver un prénom à tout prix. Peu importe la nature du prénom. Mais sans rire, hein. « Chaise ?... Ah oué, pourquoi pas. »

Régulièrement, dans la journée, on s'envoie par MSN des idées de trucs qui nous passent par la tête.

Et là, l'autre jour, le dérapage :

Pieds Poteaux 2 Rugby[19] dit :
Et qu'est-ce que tu penses des prénoms japonais ?

Futur Papa dit :
Hin ?

Pieds Poteaux 2 Rugby dit :
Bah oui j'aime bien (s'en suivent des prénoms tirés de tous les mangas possibles et imaginables – voire d'actrices pornos)...

[19] Si tu n'as pas compris l'allusion, je te conchie et pis c'est tout.

Futur Papa dit :
T'es un peu perdue, toi, nan ?

Bah oui, mais là, c'est la porte ouverte à toutes les fenêtres : je propose Rémi sans Famille, Seiyar, Sangohan si c'est un garçon, Bulma si c'est une fille et pourquoi pas Alcor tiens ? Ou bien Vénusia ?...

Futur Papa dit :
J'ai une idée !!!!

Pieds Poteaux 2 Rugby dit :
Oui ?

Futur Papa dit :
KIRIKOUUUUU !

Pieds Poteaux 2 Rugby dit :
Que t'es con !

Futur Papa dit :
Et même que c'est pour ça que tu m'aimes.

Pieds Poteaux 2 Rugby dit :
(l)

Futur Papa dit :
Mimisiku !!! C'est bien, Mimisiku !

09 juillet 2008

Prénom nippon, suite et ippon

Suite et fin de l'épisode « choisissons un prénom nippon »... Tout à l'heure, alors qu'on était en plein brainstorming de prénoms, je lui dis :

– Ah et sinon, j'avais pensé à un super prénom : Kaomi !

– *(Elle me regarde avec un sourire en coin, se demandant si c'est du lard ou du cochon, l'air tout excité mais pas trop quand même style « oh ben je l'ai embobiné, le chauve »)...*

– ... Ca te plait ?

– *(jubilant intérieurement)*... Moui.

– *(façon relou)* Nan, mais c'est une blague, hein !!!!

– *(en me mettant un roups sur l'épaule, dégoûtée)* Salaud !

Elle a pas aimé « Chaise »...

Par contre, on tient nos prénoms. YEAH !

10 juillet 2008

Pourquoi vous ne connaîtrez pas les prénoms

Les quelques commentaires sur le dernier post m'ont fait sourire : VOUS N'AVEZ PAS LU LE PREMIER BLOG (OU LE BOUQUIN), bande de chenapans !

Oui, je le sais, sinon vous sauriez qu'on a un principe avec ma blondinette arrondie : on tait nos idées de prénoms, on ne les teste surtout pas auprès de notre entourage.

Oui, parce qu'il y aura TOUJOURS quelqu'un pour dire : « Ah non, pas Lucien, j'avais un collègue il y a vingt ans qui s'appelait Lucien, c'était une tête de con » ou encore pour envoyer : « Ah Mia ? Oh bah elle va danser[20] *(suivi d'un hohoho blagueur)...* » Il y a toujours un couillon n°1 qui a connu un couillon n°2 et qui ne pourra pas s'empêcher de rapprocher son prénom/sa personnalité de ton futur rejeton.

Et ça, c'est MAL. C'est déjà suffisamment RUDE (oui, en majuscules) de trouver un chouette prénom pour

[20] C'est triste d'avoir les références coincées dans les années 90, non ?

éviter de se le faire pourrir avant même d'avoir commencé à l'utiliser.

J'ai une théorie : appelle ton môme « TêtedeZob », garde bien cette fabuleuse idée pour toi jusqu'à la naissance et une fois que la maman a pondu l'être tant désiré, présente-le à tes amis en clamant « Et je vous présente... TêtedeZob !!! »

Vu la bouille angélique du nain de jardin, ton oeil injecté de sang (à cause de la Baffe) et la mine blafarde de la jeune maman, il y a peu de chances que ça rigole ou que ça ressorte la vieille anecdote qui pue la naphtaline. Et si jamais tu sens qu'il y en a un qui tente une échappée blaguesque, fusille-le du regard violemment. Qu'il ravale sa salive avant même d'avoir démarré.

Donc voilà. Les prénoms, on les garde pour nous. Et toc :)

14 juillet 2008
Dans le bon ordre

Mercredi, début d'aprèm, après le déj, Elle me fait signe sur MSN :

I need a man dit :
T'as beaucoup de rdv cet aprèm ?

(hoho, voilà le genre de questions dont Elle se fout éperdument d'hab)

Et tu vas toujours à Paris demain ?

(re-hoho)

Pas tout à fait au taquet, mais presque dit :
Non, j'ai pas de rdv. Et je peux annuler demain. T'as besoin de moi ?

I need a man dit :
Ça bouge pas mal, là.

(re-re-hoho)

Pas tout à fait au taquet, mais presque dit :
Je rentre bosser à la maison, si tu veux.

De toute façon, j'avais des trucs à faire.

Je rentre, pas tout à fait au taquet, mais presque... et je la trouve dans le canapé. Je lui demande si Elle va bien et Elle éclate en sanglots. À l'intérieur, je m'effondre totalement, mais devant Elle, je garde la posture du gars serein.

– Y'a un truc qui va pas ? T'as mal ?

– Ah non, non... mais j'ai des contractions depuis une demi-heure et j'me dis que ça y est, c'est l'heure, là, va falloir y aller.

– *(re-destruction intérieure totale... je souris)* Beh ui. Et de toute façon, va bien falloir qu'il sorte à un moment, le nain de jardin. Alors hop. Tu veux aller à l'hosto ?

– Non, non, je suis pas prête. Il faut encore que je prépare les affaires de la nuit de Lyna si on s'en va.

– Ah... comme ça. Beh appelle-moi si ça continue.

Je suis monté bosser. Durant vingt minutes, Elle m'avait mis en copie de tas de mails envoyés pour gérer les quatre-cinq trucs à régler avant l'accouchement. Vingt-cinq minutes plus tard, Elle m'appelle pour me dire que ça va mieux, que c'est passé.

L'heure n'est pas venue, encore. Mais ça ne va plus guère tarder.

Ou pas.

Il reste encore quinze jours avant le 1er août, date officielle du terme.

14 juillet 2008

Bon anniv, ma femme !

Mariée, vingt-neuf ans, deux enfants (bientôt).

Cet aprèm, Elle sort avec fifille au parc. Vingt minutes plus tard, mes deux blondinettes sont de retour : Elle a eu des contractions. Du moins, Elle pense. Parce que les contractions, Elle les sent pas trop (ma femme, c'est Robocop).

Peut-être que le nain de jardin viendra demain, le 15 juillet, le jour de son anniv. Si c'est le cas, je me permettrai de lui coller un post-it sur le front : *Né(e) pour contrarier ma mère*. Ué, souvenez-vous.

La fifille, pendant ce temps-là, vit sa transition de fille unique à grande sœur plutôt moyennement : double pipi-culotte cet aprèm... régression, quand tu nous tiens.

17 juillet 2008

Au taquet

Hier soir, au resto, pour son anniv, en pleine discussion, son téléphone sonne, c'est son frangin. Il avait déjà appelé une demi-heure avant, mais Elle était occupée avec un client. Elle ignore son téléphone dans un premier temps, puis je lui dis « non mais vas-y décroche, sinon il va croire que t'es en train d'accoucher ». Elle répond, blablablabla et en raccrochant, me fait : « T'avais raison, il était déjà en train de se faire un film. »

Les grossesses se suivent, mais ne se ressemblent pas, mais pas sur tous les points.

J-15 et il est déjà IMPOSSIBLE de ne pas être joignable sans déclencher des scénarios d'accouchement chez les proches. C'est d'un relou.

La seule qui a retenu la leçon depuis la dernière fois, c'est ma mère, qui m'a glissé l'autre jour : « T'as vu, j'e n'ai même pas demandé si Elle avait accouché. »

Ma mère, c'est la meilleure et pis c'est tout :)

18 juillet 2008
Neuf semaines et demie

Je n'ai pas voulu faire le mariole trop tôt ou vendre la peau de l'ours avant de l'avoir envoyé à la saillie, mais la nouvelle est suffisamment importante pour que je la partage avec vous, chers lecteurs : depuis hier soir, j'ai mis entre parenthèses ma traversée du désert sexuel. Je suis finalement tombé sur une oasis où je me suis abreuvé. Et ce fut bon.

Mais oui, je parle de ma femme. Mais non, je ne fais pas de triomphalisme, car je sais que cet arrêt sera de courte durée, parce qu'après l'accouchement, c'est reparti pour la ceinture et les joies de l'abstinence – cher Futur Papa qui n'est pas encore passé par là, je t'épargne les détails, ça pourrait te donner envie de pousser ta Future Maman dans les escaliers.

Plus de deux mois d'abstinence. Neuf semaines et demie, exactement. Sisi. On fait dans la référence cinématographique.

À quinze jours du terme, le bébé est terminé, le sexe n'est plus un danger pour qui que ce soit, on peut donc s'adonner aux plaisirs lubriques. Bon, ça fait tout de suite orgiesque, dit comme ça, mais en fait, pas du tout. C'était tout simple et sans plus. D'ailleurs, je défie quiconque – même Rocco – de passer en revue le Kama Sutra avec une femme enceinte de 8 mois et demi. QUICONQUE.

Donc voilà, c'était bien. Après neuf semaines sans sexe, on redevient un peu puceau. On redécouvre tout. C'était drôle. Je ne le referai pas, mais rien que pour ça, c'était drôle.

Autre chose : on passe par tout un tas de moments bizarres durant une telle période d'abstinence. Je vous en parlerais plus longuement si je ne savais pas que ma mère lisait ces lignes. De la phase « oh mais c'est dingue comme cette chèvre est sexy » au reniement même du désir sexuel, ce fut un « chemin de vie » intéressant à arpenter.

Mais j'le referai pas, ah ça non.

19 juillet 2008
L'arnaque

AVIS À TOUS LES FUTURS PARENTS QUI CROIENT EFFECTIVEMENT LES SAGES-FEMMES / GYNÉCO (le corps médical, quoi) QUAND ILS LEUR DISENT : « Ça arrivera bien avant le terme, au moins quinze jours/trois semaines avant. »

C'est des conneries. Et pis c'est tout. Des grosses conneries.

On s'était déjà fait avoir la première fois (cf *Futur Papa 1*, l'œuvre d'une vie). Et là, on s'est refait eus, on est au taquet alors qu'il est censé arriver dans plus de dix jours.

Alors moi, c'est fini, j'attends pu. Y viendra quand y viendra. On m'aura pu.

22 juillet 2008

Avis favorable. Ou pas

Je fais le malin ce matin, je déconne, je fanfaronne, je mets en boite mes troupes, mais au fond, je danse pas la carmagnole : Elle a un ultime rendez-vous avant le terme à l'hôpital tout à l'heure, Elle m'a demandé de l'accompagner, au cas où ils lui disent que le nain de jardin est sur le point d'arriver... et depuis le lever, j'ai une petite (toute petite) boule au ventre. J'irai bien sûr, mais merde, l'hôpital, c'est décidément pas mon trip.

On y est allés hier midi, pour faire un bisou à un couples de copains qui ont eu un p'tit mec en fin de semaine dernière. J'y étais pas à l'aise et je savais pertinemment que d'y retourner ce midi avec Elle, ça ne serait pas une partie de plaisir.

Et dire qu'il y a un peu moins de deux ans, j'y allais la fleur au fusil.

Qu'est-ce qu'on peut être con quand on est jeune :)

22 juillet 2008
Lunettes noires et casquette

Bon alors je vous fais le topo.

La sage-femme vient de lui dire que l'état est favorable. J'ai la goutte qui perle le long du front, la tarte arrive, je la sens venir. La sensation n'est pas spécialement agréable.

Ma femme emberlificotée dans les machins du monitoring, trente minutes d'attente. Je pique un roupillon dans la salle, bercé par les battements de cœur du Numéro Deux.

L'étudiante sage-femme ouvre la porte, me réveille un peu en sursaut et jette un oeil au graphique. « Oh vous en avez une grosse, là *(contraction).* » Ma blonde, comme d'hab, insensible aux douleurs contractionnelles[21], qui lui répond « ah bon ? »... C'est un boulet et je me décide à l'ouvrir.

« C'est pas vraiment une pro de la contraction, ma femme », que je dis.

[21] Néologisme futurpapa-esque, j'aurais marqué la littérature de mon empreinte.

L'étudiante sage-femme est de dos. Je la vois relever la tête lentement, comme si elle avait tilté sur un truc. Elle se retourne, me dévisage l'instant d'une seconde et me fait : « Mais... votre tête me dit quelque chose. »

Et merde.

Je prends l'air étonné, mais je sais qu'elle a capté. À moins qu'elle me prenne pour Moby[22], mais la probabilité est plus faiblarde, me dis-je.

– C'est vouuuus ? Le blooooog ?

– *(dans le mille)* Oui oui, c'est moi.

– *(toute excitée)* Ah mais alors là !!! C'est trop fooooort ! J'ai acheté votre livre, je l'ai filé à toute ma promo, on est fans !!!

Courte pause dans le dialogue. Faut que je vous explique ce qu'il se passe dans ma tête, à cet instant précis. À cet instant précis, je suis une rockstar dans ma tête, je me pointe dans une classe de futures sages-femmes, *Futur Papa* à la main, et elles hurlent toutes « Faaaab, une dédicaceeeee » pour les plus softs et « Fais-moi un enfaaaaaant » pour les plus motivées. Mais bon, tout ceci est un rêve, je ne serai jamais une rockstar. HAHAHA. Fin de la pause.

[22] Oui, on m'a parfois pris pour Moby. Sisi.

– Ah non, mais vraiment, j'ai adoré ! *(s'adressant à ma femme)* Il est bien votre homme, j'en veux un même ! Vous pourriez me le prêter ?

– *(m'imaginant reconverti en étalon)* *soupir*

– *(ma femme, qui fait style elle a pas relevé)* ...

– Par contre, je l'ai amené à l'hôpital au début de mon stage, je savais pas que ça ferait une telle polémique.

– Ah ui ? Comment ça ?

– Bah la sage-femme qui vous a fait la préparation pour les hommes, après avoir lu ce que vous disiez dessus, elle a arrêté de le faire.

– *(confus)* Ah... En même temps, je pense que c'est un truc qui doit être animé par un mec. C'est quand même plus simple d'en parler entre mecs.

– Oui, et puis la pudeur masculine, tout ça.

– À qui le dites-vous...

– *(re-de la joie dans les yeux)* rahlala, je peux vous cafter auprès des autres ?

– Beh oui, ça me dérange pas.

Elle revient dix minutes plus tard.

– *(super gênée)* Vous pourriez me signer un autographe ? J'vous jure que c'est un truc que je fais jamais, mais là, j'vais pouvoir raconter que je vous ai vu à mes copines de promo !

– Eeeuh oui, vous avez votre livre sur vous ? J'peux vous le dédicacer.

– Ah mais non. *(toute sourire)* Il est bien, hein, votre livre, mais je me balade pas avec 24h/24.

– *(bah... on est groupie ou on l'est pas ? zut alors haha)* Bien sûr !

– *(elle sort un petit carnet)* Vous pourriez juste me mettre un petit mot sur mon carnet, juste en dessous de bidule[23].

– *(scié intérieurement)* Ah bé comme vous voulez.

– Ah oui, votre autographe, c'est carrément plus fort que d'avoir l'autographe de Céline Dion !!!

– *(waw)* ...

Haha. Mon premier autographe. J'ai écrit une bêtise maladroite, puis j'ai signé Céline Dion, que j'ai barré avant de mettre Fabrice Florent.

En sortant, ma femme était toute guillerette, fiérote comme tout de son homme.

– *(toute excitée)* Roh ben c'est la classe, t'as des fans !!!

[23] c'est un médoc pour guérir des trucs de femme enceinte, j'sais pu quoi.

– *(la poitrine gonflée, la démarche classieuse)* Oui d'ailleurs, t'as entendu, elle voulait savoir si tu pouvais me prêter ?

– *(l'air de rien)* Ah. Oui, j'ai entendu.

– *(tout excité)* QUELLE GRANDE IDÉE, C'EST VRAI, TU DEVRAIS PARTAGER, T'AS VU MES GÈNES COMME ILS SONT BIEN ?

– Oui, mais non. Je partage pas.

Quelle brise l'ambiance, alors.

Et Marie, si tu passes par là, j'te fais la bise.

24 juillet 2008

Foutage de gueule somnambule

Ce soir, on s'est fait un petit resto avec ma femme. Le dernier avant trois cents ans environ, donc autant en profiter.

À un moment donné, Elle me fait :

– Tu sais que la nuit, tu te fous de ma gueule ?

– Gné ?

– Oui. Vers 3 ou 4 heures du mat', je me lève pour aller pisser et là, quasiment à tous les coups, tu me regardes en train de merder pour me lever *(avec la grâce d'un cachalot échoué ndfp)* et... tu te marres connement.

– ???

– Oui oui, j'te promets. J'te regarde, t'as les yeux grand ouverts, tu te fous de moi, on pourrait penser que t'es réveillé, mais NON, tu roupilles !

Damned. Il paraît qu'on revit ses combats de la journée la nuit. Et donc, moi, j'exorciserais mon côté j'suis un gros bâtard qui se fout de la gueule de sa femme parce qu'Elle se lève de son lit comme si Elle pesait trois cent cinquante kilos ? Naaaan, ça me ressemble tellement pas.

...

Si ?...

Non, non.

Allez, dodo.

27 juillet 2008
Nervous Breadôwn

Et oui, je suis encore là. Et non, je n'ai pas accouché. Au contraire. Plus ça va, moins ça vient. D'ailleurs, ces trois derniers jours ont été particulièrement éprouvants, pour tout le monde.

• Ma femme, qui a des pieds qu'on dirait des bonhommes Michelin, un mal fou à dormir avec la chaleur – même à Lille, et des contractions pendant longtemps, mais pas assez pour se dire « let's go, c'est l'heure ». Elle se console en se disant que le moment venu, le plus gros du boulot sera fait. Tu m'étonnes, John[24]. J'en profite pour le noter noir sur blanc, des fois qu'on l'oublierait dans quelques années : cette dernière semaine de galère scelle sans doute à jamais le sort d'un éventuel p'tit troisième pour la route (Cath, je saurai te ressortir ce petit paragraphe en temps voulu, en cas d'envie impromptue de remettre ça).

• Lyna, qui sent bien que son hégémonie sur la maison touche à sa fin : d'ici quelques jours, *adios* l'entière disponibilité de ses parents. Samedi aprèm, alors que ma femme se sentait vraiment partir accoucher (une

[24] Cette blague vaseuse est sponsorisée par Pulco, il fait trop chaud pour faire des blagues drôles.

énième fausse alerte), elle a total pété un câble. Sa mère voulait aller se reposer, mais non, la fifille ne voulait pas. « Non Maman, tu vas pas au dodo. » La mère y est allée, malgré tout. Ce qui a déclenché une crise internationale, du jamais vu en deux ans de carrière...

• Et ma p'tite pomme dans tout ce bordel. Durant cette fameuse crise, j'ai repoussé les limites de ma patience. Alors que la fille me hurlait dans les oreilles, j'ai fermé les yeux trente secondes et je me suis demandé comment j'aurais réagi dix ans plus tôt : je me voyais lui arracher sa p'tite tête blonde et aller me taper un p'tit basket avec. C'est idiot, mais ça m'a soulagé, un peu.

Ces douze alertes à l'accouchement me foutent les nerfs en pelote, j'ai l'impression d'être toujours plus ou moins sur le qui-vive. Et forcément, la fifille, pas idiote, le ressent bien...

Je suis d'ailleurs tellement à la masse que j'ai accepté un pari débile : je ne me rase pas jusqu'à l'accouchement. Donc là, je dois être à mon cinquième ou sixième jour sans rasoir, j'ai une moustache toute blonde digne d'un ado de quinze piges, des poils de barbe tout éparpillés. Ridicule.

Allez, j'ai encore deux-trois posts « primordiaux » pour clore cette grossesse (haha) à écrire et il sera temps. Le terme est prévu vendredi 1er août.

C'est dans cinq jours. Youpi.

28 juillet 2008
À poual

L'autre midi, au resto, je scrutais ma femme : mais c'est qu'Elle est poilue, nom de nom. Sur le visage, sur les bras, à peu près partout. Si je n'avais pas eu un boost de virile pilosité ces dernières années (merci la trentaine), Elle aurait été plus barbue que moi ![25]

Le truc étrange, c'est que lors de la première grossesse, c'était pareil. Et pis les poils ont disparu quelques semaines après l'accouchement. Je m'interroge : ils sont tombés ou ils sont retournés d'où ils venaient (allez hop, à la maison) ?

[25] NB : ce post a été écrit avant mon pari idiot. D'ailleurs, après avoir laissé pousser ma pseudo-« barbe », je pense pouvoir dire qu'effectivement, Elle est plus poilue que moi hinhin – pataper, Cath :)

29 juillet 2008

Meuh.

Ce soir, au moment de se mettre à table.

– Et sinon... ça y est, j'ai re-commencé ma carrière de vache laitière.

– Miam, cette image m'enchante.

– Il est vraiment temps qu'il arrive, là, j'suis fin prête.

– Ah oué ?

– Oui. Et toi ?

– ... tu veux du sauciflard ?

Beh nan, bien sûr que j'suis pas prêt. Et Elle le sait. Je ne serai jamais prêt, de toute façon. Tout ce que je sais, c'est qu'à un moment donné, il va falloir y aller. Et que j'espère être à la hauteur.

Crénom.

30 juillet 2008
Zissizi-end

Non, cette fois, je ne pleurerai pas pour écrire cet ultime billet et tenter de retranscrire ce que j'ai vécu. Cette fois, pas besoin d'exorciser la baffe dans la tronche. Non, je ne pleurerai pas.

Cette fois, je l'écris même un léger sourire aux lèvres. Je suis un homme comblé. J'ai une « vraie » famille. Trois, ça fait famille, oui, mais quatre, ça en impose carrément plus.

Autant vous dire que j'ai ramé pour trouver une façon sympa de terminer mon oeuvre et boucler par la même occasion ma carrière de Futur Papa. J'ai commencé à narrer étape par étape, événement par événement, mais non.

Alors je vais vous la faire en vrac.

Nuit du mardi 29 au mercredi 30 juillet 2008. On est gonflés tous les deux, il fait chaud à crever, ma femme tient plus du baleineau échoué que de la poulette que j'ai mariée, Elle n'en peut plus, ne dort plus et moi, pour évacuer, je joue à la console sur le Xbox Live.

Une heure du mat', je délaisse les potes pour finir deux-trois trucs sur mon ordi portable. Un p'tit message apparaît sur l'écran : « Tu devrais aller prendre ta douche. » Un stimulus énorme pour le Futur Papa en alerte que je suis.

Vingt secondes plus tard, je suis au second. « J'ai des contractions depuis trois quarts d'heure... A mon avis, c'est le moment. » Douche rapide. Dix minutes plus tard, Elle me confirme que ça continue. *Let's go*.

Tranquillement, je vais réveiller la fifille. Elle ouvre un oeil, la tête dans les fesses. « C'est l'heure, ma puce, le bébé veut sortir. » Grand sourire derrière sa tutute, les yeux encore tout endormis. Une première réaction qui me ravit.

Dépôt de la Grande chez l'associée de Cath. 2 heures, arrivée aux urgences. Un examen plus tard, c'est parti. Notre deuxième naîtra un 30 juillet, c'est sûr.

Ils nous installent dans la salle n°5.

Oh, un fauteuil.

– C'est ma place ?

– Oui, c'est pour les papas.

– Hébé, vous avez fait un effort ! Il y a deux ans, c'était un pauv' tabouret à roulettes.

– ... Ils sont là depuis quinze jours.

Ça paraît rien, ce fauteuil, mais ça m'a changé la nuit : encore pêchu jusque 3 heures du mat', c'est l'éteignage total des feux pour moi après 4 heures. Brouillard total entre 4 et 7 heures du matin, entre deux eaux, réveillé toutes les dix minutes par la pompe à tension, ou une porte qui s'ouvre – ou qui se ferme. L'apanage de tous les futurs pères qui accouchent de nuit, je suppose.

Petite fulgurance de ma femme, vers 5 heures du mat', que j'ai notée tellement c'est du lourd : elle a remarqué qu'il y a moins de femmes qui accouchent cette nuit-là que lorsque notre Grande est venue au monde – en plein après-midi... son explication ? « J'sais pas, quand on dort, on accouche moins, non ? » Ça m'a fait la fin de la nuit, cette remarque.

9 heures. Je suis encore un peu vaseux de la nuit saccadée, ma femme, elle, est au taquet. Je passe sur le fait qu'Elle m'épate une fois de plus.

9 heures. La sage-femme se pointe pour un « test de poussée » (sisi). « Stooop ! Poussez plus, sinon vous allez accoucher avant qu'on soit prêts. »

Imaginez la scène : le gars qui roupille à moitié, affalé dans son compagnon de fortune. La sage-femme toute enjouée qui s'écrit « Ooooh bah on voit déjà des cheveux !!! » Captage de la phrase. Décortiquage des mots, un par un. Rassemblage. Analyse interne. Rêve / pas rêve ?... Calcul... Pas rêve. Entrouvrage d'un oeil.

Remise en route du cerveau. Interprétation de la dite phrase. RAH MAIS C'EST L'HEURE DE LA BAFFE, LÀ !

Une demi-seconde plus tard, je suis aux côtés de ma femme, pas spécialement rassuré par l'énorme torgnole que j'avais prise il y a deux ans.

Et en fait... bah non. La baffe fut sympathique, enjouée, limite une caresse. Limite. Cette fois-ci, pas (trop) de douleur, pas de cris, pas de souffrance par procuration. Je suis fier comme un galopin de ne pas m'être effondré comme une merde, d'avoir « vraiment » assisté en direct à la naissance.

Et alors, c'est quoi ?... Rah mais virez-moi ce cordon, on voit rien. Un gars ? Une fille ? Un gars-fille ? Zizi ? Ha non, pas de zizi, pas de coucouilles. C'est une fille. On est heureux, on pleurniche comme des mômes dans les bras l'un de l'autre.

Et le prénom ? Alors que j'vous explique : on s'était fait une liste complète sur l'ordi. Dans cette liste de cinq ou six prénoms (pour chaque sexe, sisi), on en avait deux ou trois préférés. Joies de l'informatique, je ne l'ai pas sauvegardée et le lendemain matin, on retrouvait le portable éteint. Plus de trace des prénoms, plus moyen de s'en souvenir. Le seul dont on se rappelait, tous les deux : Kim.

Donc Kim, tu te nommeras, ma fille.

D'ailleurs, c'est amusant de voir les références qu'ont les gens – forcément, on n'avait pas connu ça pour Lyna, le prénom courant moins les rues. Au choix : Kim Wilde, Kim Basinger et pour les plus rock'n'roll, Kim Deal et Kim Gordon, respectivement bassistes des Pixies et de Sonic Youth.

Et ça se passe comment ? Que les p'tits deuxièmes qui pensent qu'ils sont spoliés depuis la naissance rabattent leur caquet. Ça n'a rien à voir avec la naissance du premier. La première rencontre fut extraordinaire. Et vazy que jte bisouille, que jveux te prendre dans les bras... un peu de mal au début à imprimer le prénom, mais c'est allé vite.

... Ça fait maintenant bientôt quinze jours que la fifille number two est née et je peux vous dire que c'est bien. Ma femme a avalé mes histoires pendant son séjour à la maternité. Comme d'hab, Elle n'a pas été très prolixe sur ce qu'Elle en a pensé. « T'as encore réussi à me surprendre », m'a-t-elle glissé au téléphone, la gorge un peu serrée. Ça m'a suffi, largement.

Deux enfants à la maison, c'est sportif, mais c'est bien. Il faut retrouver ses marques – aussi bien pour la Grande que pour nous, mais non, la perspective d'avoir trois femmes à la maison ne m'effraie pas plus que ça. Faut dire que j'en ai plus de 60 000 à gérer sur madmoiZelle :)

D'un autre côté, je fais le mariole, mais je me demanderai toujours c'que ça peut faire d'avoir un fiston[26].

...

...

Je voulais vous dire à tous un grand merci pour vos messages, vos mails, les géniaux commentaires à propos du livre, cette histoire de Futur Papa restera gravée dans la famille Florent pour un bon moment. D'ailleurs, j'ai hâte que les filles grandissent, qu'elles puissent lire tous vos petits mots...

Et si ça tombe, elles s'en taperont totalement :)

---

[26] Note perso pour le grand-père paternel : NON JE NE TE FERAI PAS UN P'TIT FLORENT, non pas de p'tit dernier pour la route. Non et non.

BRADAMBRAD

Ah bon? c'est par là ?!

Une fille, brave fille, deux filles, assez de filles, trois filles, avec la mère, quel tourment pour un père.
(proverbe occitan)

... et c'est pour ça que je m'arrêterai là.

Couverture
Illustrations
p.5, 26, 46, 66, 96, 126, 157, 187, 232
Impression
France Quercy

Timée-Editions
66, rue Escudier – 92100 Boulogne – France
www.timee-editions.com

Imprimé en France
Dépôt légal : janvier 2009
ISBN : 978-2-35401-128-4